JN197945

新・タオのひけつ

無為自然の心と体が、
令和の新たな人生をひらく

早島妙瑞 著
Myozui Hayashima
早島妙聴 監修
Myocho Hayashima

廣済堂出版

早島妙瑞（著者）

早島妙聴(監修者)

左より早島妙瑞、早島天來宗師、早島妙聴(屋久島にて)

新・タオのひけつ

はじめに

天地自然の道「タオ」

あなたは今、幸せですか？

なぜ、私がこのようにお尋《たず》ねするかというと、じつは、人間は幸せで、楽しい前向きな生き方をすると、どんなにたいへんなことがあっても、それを乗り越える力が湧《わ》いてくるからです。

いかに環境が厳しくても、自分自身が幸せを自覚して、楽しい日々を過ごし、そこに笑顔があれば、天の運気が、必ずあなたを幸せな方向に進めるように導いてくれます。

その運気をもたらすもの。それが天地自然の道「タオ」なのです。

きっとあなたは、この「タオ」という言葉をお聞きになったことがあると思います。

紀元前六世紀ごろの中国で生まれたと言われる老子《ろうし》と、その思想を受け継いで発展させた、紀元前四世紀ごろの人と言われる荘子《そうし》。その二人の教えである「老荘《ろうそう》の道」もしくは「老荘の学」は、「道（どう／TAO《タオ》）」という言葉に集約されます。

古代中国の人々は、天地自然、動物、人間などすべてが、大きな「道」という流れに沿《そ》って動くものと考えました。道とは、すべての動物や人間や自然を育《はぐく》み導く、真理の流れとも言うべきものです。

「我執《がしゅう》」にとらわれない

人間は、自然に反した生き方や生活をしていると、必ず悩みが出てくるものです。

「夜ほとんど眠れない」
「人とうまくつきあえない」
「いつもイライラする」
「毎日、寂《さび》しい思いに襲われる」
「将来のことを考えると、不安でたまらない」

……あなたは、そんな悩みをいだいていませんか。それは、心が自分本位の欲望にとらわれていることが原因です。そのように悩みに直面している人というのは、ひとことで言えば、物欲や愛欲、名誉欲などに振り回され、財産や地位や成功などに執着しているものです。

このようなとらわれに心を縛られているままでは、体の気のめぐりも悪くなって、不調が出ます。すると、ますます気持ちがふさぐという、悪循環におちいってしまうのです。そのとらわれこそが、「我執《がしゅう》」です。「我執」については、おいおい説明していきますが、タオの教えでは、我執とは、自分中心の狭い考え方にとらわれていることを言います。

我執にとらわれない、明るく楽しく、無為自然《むいしぜん》な生き方である「道」、すなわちタオの考え方こそが、すべての人にとって、とても大切なことなのです。

タオの教え、タオの思想のことを、タオイズム（TAOISM／老荘思想、老荘の道）と言います。あなたが、その生き方について理解し、それを根本において人生を送るようになっていくと、毎日の生活で心に積み重なっている疲れや、知らず知らずのうちに抑えつけている感情などが、やさしく解きほぐされていきます。

『老子』は『聖書』とならぶ不滅の古典

のちほど老子については解説しますが、老子の著作である『老子』は『聖書』についで、世界中で数多く翻訳されている本と言われています。

『老子』は、上巻と下巻の八十一章からなる本です。上巻の第一章が「道」（道の道とすべきは、常《つね》の道にあらず……）にはじまり、下巻の最初にあたる第三十八章が「上徳」（上徳は得ならず、是《ここ》をもって徳あり……）ではじまるところから、『老子道徳経』、あるいは『道徳経』『道徳真経』とも呼ばれています。

この「道徳」は、『老子』のキーワードの一つですが、「宇宙には人為《じんい》のおよばない法則（道）があり、万物はその道から本性（徳）が与えられる」という意味であって、いわゆるモラルを意味するものではありません。

『老子』には、もともとは章立てはなく、五千数百字の珠玉《しゅぎょく》の言葉で綴《つづ》られているため、『老子五千言』との別名もあります。

それはまさに人類の古典の中の古典であり、その言葉は悠久《ゆうきゅう》の叡智《えいち》の結晶です。「道」、そして「無為自然」をはじめとする、その老荘の教えを、本を読んで単に知識を得ようとするのではなく、それを実際に人生に生かし、現実の場に活用し、真理として日々の生活で行《ぎょう》じることが肝心《かんじん》です。

道は用いてはじめて価値が生じる

そのための修行や研鑽《けんさん》を行うセンターが、日本道観《どうかん》です。日本道観では、後述する三つの「気のトレーニング」によって、心と体を同時に修行し、そして運命を切りひらいていくための、具体的な道と方法を明確に示しています。それは、三千年にわたって脈々と伝えられ、かつ深化してきた道家の考え方と行法《ぎょうほう》を、日本道観の始祖であり、初代道長であった早島天來《はやしまてんらい》（筆名・正雄）宗師大先生が体系化したものです。

タオは、万物の根源をあらわす「道」であると同時に、人の道でもあります。

現代は、あれこれ頭で考えすぎて行動をしない人が多いのですが、思想や考え方というものは、それが真理であるならば、実際に日々行じられて、人生に役立ってこそ、ほんとうの意味があるのではないでしょうか。そのことについては、『老子』第三十五章に、「道は用いてはじめて価値が生じる」と記されているとおりです。

この本は、そうした老子につながる道家の教えをかみくだいて説明をしていきながら、心と体の「気の健康法」を具体的に紹介して、あなたの人生が明るく輝くようにガイドをしていくものです。

きっと、あなたが天の運気をいただきながら、自分の力で人生を開くための、大きな助けになると思います。

早島妙瑞

監修の言葉

「令和《れいわ》」、TAO《タオ》の時《とき》、来たり！

今年（二〇一九年）の四月一日、みんなが待ち望んだ新元号が発表されました。新たな時代を象徴するその元号は「令和《れいわ》」。

じつは私は、元号の発表のときは、たいへんお世話になり、いろいろご指導をうけている気功研究の大家であり、古典に詳しい林中鵬《りんちゅうほう》先生と、北京《ペキン》で打ち合わせをしておりました。そして漢字二文字であれば、発表と同時にその蘊蓄《うんちく》をうかがいたい、と博学の林先生にお願いをしていたのです。

そうして発表された元号「令和」は、日本の古典『万葉集』が出典でした。とてもきれいな響きであり、また自然を愛《め》で、花を楽しみ、みんなと調和してゆくというような意味を感じるすてきな元号です。私は、まるで一陣の風がさーっと吹き降りたような、爽《さわ》やかな感じがしました。

ところがそのとき、林先生は「よかったですね。この言葉は『導引《どういん》』を解説した言葉なのですよ」とおっしゃったのです。この新たな時代を象徴する元号が、早島天來宗師大先生より学び、早島妙瑞先生が受け継がれて、今現在、道家〈道〉学院で指導させていただいている、TAO《タオ》の気のトレーニング「導引術」にかかわる言葉であることを知り、驚くとともに、「まさに時《とき》、来たり！」と非常に感動いたしました（詳しくは、63ページからの「TAOコラム」参照）。

高齢化社会、地球環境の悪化、種《しゅ》の絶滅など、私たち人類が抱《かか》える多くの問題の答えが、古代中国に生まれ、脈々と伝えられてきた「道」TAOにあることを思うと、この元号がさらに輝いて見えました。

経済や技術の発達は、人間を幸せにしたのだろうか？

現代は、驚くべきスピードで科学技術の研究が進み、ITやAIによって、人間がいなくても多くのことができる時代になっています。

みんなが創意工夫して、人間の社会生活にとって便利なものをつくりだし、インターネットの発達により、世界の状況を居ながらにして知ることができ、そして溢《あふ》れるほどの情報を無料で手に入れることができる、そうした時代になりました。

ＳＮＳやメールで簡単に世界の人とつながり、いつでも、その思いを伝えたり、発信したりすることもできるようになりました。大雨が降っても、決壊しない高い堤防をつくり、地震に強いビルを建てることもできるようになりました。地球環境の限界を感じて、火星やほかの惑星に人類未来の生き場所を探すまでになっています。

私たち人間は、人間の幸せのために、その持てる能力を駆使して、文明社会をより快適に発展的にしようと、努力を重ねてきたのです。

これらのすべての経済活動、そして科学技術の発展も、その目的は人間の幸せのために行われてきたはずなのですが、

「私たち人間は、ほんとうに幸せになってきているのだろうか？」

「今日も幸せだわ、と感じながら生きている人がどれほど増えたのだろうか？」

と考えると、首をかしげざるをえません。

幸せに生きる方法が、ここに明かされている

そんな時代に、「じつは幸せに生きる方法は、すぐそばにあるのですよ」ということを、道家〈道〉学院二代目学長であり、道家龍門派第十四代の道長である早島妙瑞先生が明ら

かにし、人が生きること、そして生かされるために、私たちは日常どのように過ごしたらいいか、どのような物の考え方をしたらよいかを、やさしく、わかりやすく、ていねいにひもといてくださっている本が、『タオのひけつ』なのです。

今回、私が一部加筆、監修する形で、新たに『新・タオのひけつ』として、刊行することになりました。


早島妙瑞先生は、40年を超える長い年月、タオイズムの大家である早島天來宗師大先生（筆名・早島正雄）について厳しい修業を重ねられました。そして、ご自身が道家〈道〉学院の学長になられたあとも、つねに無為自然《むいしぜん》に、謙虚にやさしく、ときに厳しく、多くの人たちの悩み苦しみを聞き、その原因である我執《がしゅう》に自然に気づくように話されて、みんなの目の曇《くも》りを払い、これからの人生を明るく楽しく豊かに生きられるように導いてこられました。

そして、いつもその笑顔は最高でした。

初めて会った人でも　その笑顔と無為自然な謙虚なお姿に、自然に心の鎧《よろい》を脱いで、笑顔になったものです。

今思い出しても、妙瑞先生のお顔は、いつも笑顔であり、そして温かく私たちを見守ってくださっていました。

何があっても楽しい、と生きる

ここで、妙瑞先生がご登仙《とうせん》された年のお正月、新年が明けたそのときに集まった弟子たちにいただいたお言葉をご紹介しましょう。

〜〜〜〜〜〜〜〜〜〜〜〜〜〜〜〜〜〜〜〜〜〜〜〜〜〜

晴れたら楽しい
雨がふっても楽しい
嵐が来ても楽しい
と生きてゆくのです
みなさんが天地自然の道に沿《そ》って
前向きに日々、自分を磨いてゆけば
何があっても、必ず幸せな方向へゆくのです！

〜〜〜〜〜〜〜〜〜〜〜〜〜〜〜〜〜〜〜〜〜〜〜〜〜〜

まさに天の真理を語られた、わかりやすい、そして深いお言葉だと思います。

晴れたら、気持ちがよくて楽しいものです。

雨でも、水がなければ、すべての生命が生きられないのですから、「よいおしめりですね～楽しい、楽しい」と生きるとよいのです。

そして嵐が来たら、精いっぱい身を守り、そして「このくらいの被害ですんでよかったですね。楽しい、楽しい」と生きてゆくのです。

そう、おっしゃったのです。

この「嵐が来ても楽しい」というお言葉には　さすがに私も驚きました。

人間は、この地球に生かされている一つの生命にすぎず、野生動物とも、自然の木々とも同じなのだ、と考えると、なるほど、人間だけの都合で嵐を止めることもできませんし、またどんな目にあっても、そこからまた前を向いて生き抜いてゆくことが、命をこの世に残された私たちの生きる道なのだと、ほんとうにその深い意味に感動いたしました。何があっても、楽しい、楽しいと、朗《ほが》らかに生き抜いてゆく、素直な生き方こそＴＡＯのひけつなのです。

早島妙瑞先生に学ぶ感謝の心

早島妙瑞先生は、最晩年のころに、毎朝お経《きょう》を上げてお勤めをされていましたが（妙瑞先生は仏教の僧侶でもありましたので）、そのご本堂に行く道々、私にこんなことをおっしゃいました。

「私ね、最近、少しぼけてきたのかしら？　ふっと気づくと『ありがたい　ありがたい　感謝　感謝』しか出てこないの。そして口をついて出るのは、お経の一句とか、それしか浮かばないのよ～。大丈夫かしら？」

私は感動しました。

その当時ですら、道家〈道〉学院の運営など、さまざまなことで妙瑞先生にご心配をかけ、ご相談したりしながら日々を過ごしていましたので、そんな妙瑞先生のお言葉をうかがって、まさに、これこそが悟りなんだ、と感じたのです。

そしてその状況を、けっして「私は悟った、感謝しかない日々を送っています」なんて思わずに、「私って大丈夫かしら？」と私に問われる、妙瑞先生の無心《むしん》なお姿は、今でも目に浮かびます。

もちろん私は「それこそが悟りの境地ですね。感動です！　何も変えようなんてされないで、ぜひこのまま、日々を感謝、感謝で過ごされてください。私もいつかそうなれるよう、毎日修行させていただきます」

とお伝えしたのです。

あのときのことを思い出すと、今でも胸が温かくなります。

今思えば、妙瑞先生はすでにそのとき、「自分」なんてものを超越した世界に生きられていたのです。

初代道長である早島天來宗師大先生の道を、ただ黙々と修行を重ね、そして日々謙虚に一歩一歩、あゆみ続けてこられた、そんな妙瑞先生を師匠として学ばせていただいた長い時間を、私は何よりの宝として、これから天來宗師大先生の残された道を、妙瑞先生のお姿を胸に、そしてその無為自然の笑顔に少しでも近づけるよう、修行してゆきたいと思っています。

早島妙瑞先生の記された『タオのひけつ』を、新たな形でみなさんに

一人でも多くのみなさんが、その早島妙瑞先生が届けたかった「道」（タオ／ＴＡＯ）の素晴らしい真髄に接し、そして「道」（タオ／ＴＡＯ）に沿ってゆけば誰もが幸せにな

ってゆくという、その無為自然の世界に触れていただけるよう、妙瑞先生の代表作である本書に、参考になるコラム（「TAOコラム」）を新たに執筆して、新版を世に出すことにいたしました。

この『新・タオのひけつ』が、すでにご登仙された早島妙瑞先生に、直接お目にかかって学ぶことのできないみなさんにとって、「令和」の時代を幸せに生きるための最高の指南書となることを願っております。

この本を手にとられたみなさまは、すでに妙瑞先生のやさしい笑顔に見守られていることでしょう。

ここに妙瑞先生への心からの感謝を捧げ、監修者の言葉といたします。

みなさまのご健康とご多幸を祈りつつ！

合掌

二〇一九年八月

早島妙聴

新・タオのひけつ ◆◆◆ 目次

第二章 ◆◆◆ 心を洗う洗心術《せんしんじゅつ》——67

第四章 導引術《どういんじゅつ》という超健康法 —— 117

第五章 ◆◆◆ 健康武術・道家動功術《どうこうじゅつ》——191

第七章◆◆◆明るい人生を送るコツ——253

第一章

無為自然《むいしぜん》の生き方

「道《タオ》」とはどんなものなのか

タオ、すなわち「道《タオ》」とはいったい、どんなものでしょうか。

あなたをはじめとする人間や、天地自然や、動物、植物、鉱物といった万物は、無から生じます。そして、つねに変化し、生々流転《せいせいるてん》を繰り返しながら、やがて無に帰ります。

そこには、時間や空間を超越した、永遠不変の運動法則があります。万物はすべてこの法則の下に生かされているのです。

この法則が「道」と呼ばれるものです。したがって、老子《ろうし》の哲学には、「宇宙のあらゆる現象には、人間の力がおよばない普遍的な法則が貫徹されていて、そこには、小賢《こざか》しい人間の作為が入り込む余地がない」

という考え方が基本にあるのです。

『荘子《そうじ》』（書物の場合は「そうじ」と読みます）には、「道」とは「自らにもとづき自らに根ざし……天を生じ地を生じ……天地に先立ちて生じて久しとなさず」と記されています。

すなわち、あなたは、そして天地も、万物もが「道」のもとに生まれ、「道」のなかで生きて、「道」のもとに帰っていくのです。

その「道」においては、すべてがつねに変化しています。

だからこそあなたは、「今」という、この瞬間を尊《とうと》び、与えられた環境を大切にし、充実して生きることが大切なのです。

◆◆◆ 道家と道観《どうかん》

日本道観の「道観《どうかん》」とは、道家の寺院、あるいは道家のいる建物のことです。つまり日本道観とは、日本における唯一の、道家の修行の家ということです。

道家は、「どうか」もしくは「どうけ」と呼びます。ちなみに、「どうか」は漢音読み、「どうけ」は呉音読みです。

道家とは、古来中国の老子を祖とし、その哲学の世界を探求する人々の総称ですが、簡単に言うと、「ありのままに楽しく、心豊かに生きていく生き方を実践している人々」と言ってよいでしょう。

また、そうした道家の人々や道士のことをタオイストと言います。

道家は道を探索し、道を究《きわ》めることを眼目《がんもく》とするのに対して、道教は宗教化したものであって、異なるものですが、その祖は同じく老子です。

道教の場合は、老子は神格化されています。老子は「太上老君《たいじょうろうくん》」、別名を「道徳天尊《どうとくてんそん》」と呼ばれ、道教の神として崇《あが》められていますので、あなたもこの言葉を聞いたことがあるのではないでしょうか。

また道家は、自分で心と体の行《ぎょう》をして病気を治していきますが、道教の場合は、祈禱《きとう》することによって病気が治るという考え方です。そこには大きな違いがあります。

中国には数千年前に、悪霊のお祓《はら》いのために木簡《もっかん》（木片《もくへん》に文字を書いたもの）を用いていた歴史がありますが、道教では、絵馬《えま》とかお祓いとか書のように、絵や文字で表現されたものがお経《きょう》の文言《もんごん》になり、また道士が発声しながらお祓いをすることによって、邪気《じゃき》が消え、病気がよい方向に転換していくと考えています。

ちなみに、絵馬は日本でもおなじみですが、絵馬とは、生きている馬を神様に献上《けんじょう》するかわりに、絵で馬を描いて、それをいけにえとして奉納《ほうのう》するようになったものです。のちには、馬ではなく物語を描くとか、夫婦仲をよくするために絵馬の後ろに男根を隠して描くというように、現実的な悩みを絵に描いて奉納するようになりました。

ありのままに楽しく豊かに

無為《むい》とは、はからいのないこと、人為的《じんいてき》・作為的《さくいてき》でないこと。自然とは、無理をしないこと、飾らないこと、ありのままということです。

だから、タオイズムの無為自然《むいしぜん》とは、何にもしないこととか、努力しないこととか、のんびりすることなのだろう、と早とちりをする人もいるようです。

なかには、ブラブラすることだと思い込んでいる人も見受けられます。

しかし、無為自然をそのように消極的なものとか、あるいは非生産的なもの、不活発なものというようにとらえるのは誤解です。よく言われるように、「隠遁《いんとん》」（世の中からのがれて隠れること）することでもなく、また「厭世《えんせい》」（世の中をイヤなものと思うこと）することでもありません。

それは、人生を喜び、内面の豊かさを尊び、そして生命の讃歌《さんか》を高らかに謳《うた》い上《あ》げながら、充実して生きるものです。「道に則《のっと》って、ありのままに楽しく、豊かに生きていく」ということが、本来の無為自然の姿なのです。

それはじつは、ポジティブで前向きで、ロマンチックな生き方です。「人は地に法《のっと》り、地は天に法り、天は道に法り、道は自然に法る」と、『老子』第二十五章にあります。これは、人の道も、地の道も、天の道も、自然にしたがうがよろしい、という意味です。

◆◆◆ 四季の生き方がある

このことについて、早島天來《てんらい》宗師大先生はつねづね、

「人は誰もが、けっして苦しむために生まれてきたのではない。楽しく生きていくために生まれてきたのだ。そしてほんとうに心から楽しく生きていくためには、自分自身を磨いて、仕事でも私生活でも自分を生かして、後悔のない生き方をすることが大切なのだ」

と言われていました。そしてまた、

「五十、六十はハナ垂《た》れ小僧、七十、八十が男盛《おとこざか》りなのだ。人は還暦になってはじめて大人になる。そして、人は晩年の生き方がいちばん大切だ」

ともおっしゃっていました。

一年に春夏秋冬の四季があるように、人生にも四季があります。そして、秋には秋の、

冬には冬の生き方があるのです。タオイズムの医学では、人間は六十歳になってようやく心も体も一人前になると言います。

六十歳までは、まだまだ親の敷いたレールの上をたどってきたようなものではないでしょうか。六十歳になってこそ、人間としてのほんとうの生き方が問われるのです。

大器晩成というあり方

人間は歳《とし》をとれば、若いときのような体力はなくなり、スピーディーに走ることができなくなります。しかしこれは、走る必要がなくなったからであって、ごく自然なことです。また耳も遠くなりますが、聞かなくてよいことは聞こえなくてよいのです。

人生の秋を生きる人が、春や夏を元気いっぱいに生きている、エネルギーが溢《あふ》れ出るような人と張りあって、同じことをしようとするならば、苦しいだけです。

ふつうならば、心身の無駄な力《りき》みがなくなっていく、いわゆる円熟の年代なのですから、むしろ、これから迎える冬を、自然にしたがって、いかに生きるかということのほうが、ずっと大切なのです。

そしてタオにのっとって生きれば、その人生の冬は格別に楽しいものとなるのです。

じつは、冬にこそ人生は輝き、そして実っていく、ということを示す「大器晩成」は、『老子』第四十一章にある言葉です。

私たちは、成長や成果をあせらないで悠々《ゆうゆう》としている人のことや、なかなか芽が出ないものの、地道な努力を続けていて、将来性が感じられる人のことを「キミは大器晩成のタイプだな」などと言いますが、「大器は晩成なり」と『老子』は記すのです。

この原文の意味は、「特別に大きく製造された器《うつわ》は、かえって未完成の品のようなものだ」ということで、それがやがて、「偉大な人物の場合は、若いころに頭角を現さず、時間をかけて実力を養い、晩年になってから大成するものだ」といった意味あいで使われるようになりました。

◆◆◆ 無為自然に生きる

中国語の「道」（DAO／ダオ）は、英語ではTAO（タオ）と表記されてきました。

二十世紀初頭に確立されたウェイド・ジャイルズ・システム（Wade-Giles system）という、

英語による中国語の表記法にもとづくそうです。したがって英語では、TAO（タオ）と、文字どおり発音されるよりも、中国語の発音に沿って、DAO（ダオ）と発音される場合のほうが多いようです。日本語では「道」もしくは「道」となります。

タオ、すなわち道とは「普遍的な真理の法則」であり、また心と体の修行の道でもあるという考え方は、日本で広く受け入れられてきました。

神道《しんとう》、茶道《さどう》、歌道、華道、武道、芸道、香道、書道、弓道、剣道、柔道、空手道など、心と体の鍛錬《たんれん》を積み重ねて、真理を体得して極《きわ》めるという、じつにたくさんの日本独自の「道」が生まれ、それらは日本と世界の精神文化を豊かにしてきました。

武士道や文武両道という言葉もあります。

術と道について

中国では、武道ではなく武術、書道ではなく書術と言います。日本では、そのさまざまな「術」を「道」にまで高めてきたのです。

しかしながら、その半面、日本ではなんでも「道」にしてしまったため、本物がわからなくなったとも言えます。たとえば、元来は「術」であった武術に「道」をつけて、精神道にしてしまい、それゆえに、技の本質があいまいになり、よくわからなくなってしまったと指摘することもできるのです。

また、仏教に「道」を持ち込み、「仏道」という言葉を仏教の重要な概念として用いたのは、曹洞宗《そうとうしゅう》の開祖である、日本の道元禅師《どうげんぜんじ》でした。「身心学道《しんじんがくどう》」は、道元著『正法眼蔵《しょうぼうげんぞう》』のなかの重要な概念です。

さて、タオイズムの基本である無為自然の「自然」(自《おの》ずから然《しか》り)という言葉は、その後、仏教にも取り入れられました。たとえば浄土真宗の祖・親鸞聖人《しんらんしょうにん》は「自然法爾《じねんほうに》」という言葉をよく用いており、その教えにタオイズムの影響を見てとる人もいます。

また、幕末から明治時代にかけて、「哲学」「科学」「芸術」など、多くの翻訳語をつくり出した西周《にしあまね》によって、「自然」は「nature」の訳語として採用され、日本人にとってさらになじみのある言葉になりました。

その結果、文学の「自然主義」や食品の「自然食」や農業の「自然農法」などの言葉も生まれました。

「放《ほ》かす」ということ

こうして、「自然」の意味がさらに広がっていき、それによって、本来の「自然」の意味がわかりにくくなっている面もありますが、無為自然の生き方をするということは、自分に新たな考えを植えつけるのではなく、人間が赤ん坊のころから持っている、素直な、自然な生き方に帰ることです。

それはつまり、本来の自分自身にもどっていくということです。

そのために日本道観でよく使う独特の言葉が、「放《ほ》かす」という言葉です。

人間には、成長する過程でいやおうなく身につけてしまった、さまざまな常識や固定した観念があります。自分を縛《しば》りつけている、それらもろもろのものを、もう一度「放《はな》す」のです。つまり「放下《ほか》す」わけです。そしていったん、少し脇に置いておくのです。

あなたが、そういった常識とか固定観念にとらわれずに、本来あるべき姿にもどることによって、生きるということは楽に、そして楽しいものになるのです。「放《ほ》かす」とは、もともとは『老子』の「不欲を欲《ほっ》す」という言葉から来ています。天來大先生は、それを誰にでもわかるような言葉に変え、悩んでいる人に対して、「その我執《がしゅう》を放《ほ》かせ」とか「執着する思いを一度そこに置いて、まず人の話を聞きなさい」などと言われたわけです。「捨てろ」と言われると、欲が邪魔をして、なかなか捨てられないものです。しかし、離したもの、あるいは置いたものならば、必要なときにまた拾えばよいわけですから、執着をしなくなるのです。つまり、「我執を放《ほ》かす」というのは、自らの内にあるこだわりの心を放《ほ》かして、あるがままにすごすことですから、生きていることが自ずと楽しくなり、道家の無為自然の生き方につながっていくのです。

◆◆◆人間の本来の姿は陽気

人間は本来、陽性の生き物です。その証拠に、赤ちゃんはちょっとほっぺたをさわられると、ニコニコとうれしそうに反応します。また、お腹《なか》が空《す》けば大声で泣き、おっぱいを飲んで満足すると、すやすやと寝てしまいます。その様子には、なんの屈託《くったく》もありません。こういう状態を、陽の気に満ちた有様、つまり「陽気」であるというのです。

これこそ、もっとも自然な人間の姿なのですが、大人になると、この本来の姿を失ってしまい、「陰気」になっていきます。陽気な人とは、今、ここに生きているということに、素直に、そして心の底から深く喜びを感じている人のことです。

最近では、五十代の男性でうつに苦しむ人が多くなっていると感じます。心と体は一つです。心のなかの感情を無理に抑えつけると、必ず体に影響が出てきます。怒りや悲しみを外に出さず、体のなかに溜《た》め込んでしまうと、心も体もバランスを崩《くず》して不調になってしまいます。

定年で会社生活が終わった男性、子どもが独立して子育てが終わった女性、会社や家庭でこれまでがんじがらめになって自分の感情を押し殺してきたような人、そんな人たちも、人生の後半は自分の感情を解放して、そのままあらわすとよいのです。

陽気ならば、自分のまわりの物事が、よい方向、よい方向へと回っていきます。

「長い耳の人」老子

老子には「長い耳の人」という敬称があります。それはいわゆる賢者のことです。道教、儒教、仏教は、中国の三教（三大宗教）と言われます。

釈迦《しゃか》、孔子《こうし》とともに、東洋の三聖人の一人とされる老子ですが、釈迦は老子の生まれ変わりであるという説も唱《とな》えられてきたほどですから、タオイズムよりあとに生まれた仏教は、老子の教えの影響を受けていると考えられています。とくにインドから中国にやってきた達磨大師《だるまたいし》を開祖とする禅宗は、「無」の教えとも言われるほどで、その強い影響がはっきりと見てとれます。また浄土仏教にも影響を与えたと言われています。

西暦前五七〇年ごろに生まれたとも言われる老子は、周《しゅう》の国の王室図書館の役人をしていたという話が伝わっています。

膨大《ぼうだい》な読書や深い思索などの末に、ついに「無為自然の道の思想」に行き着き、ある日、青牛に乗って周の国を去り、函谷関《かんこくかん》という有名な関所を出ていったとのことです。そして、その関所にさしかかった際に、関所の役人の尹喜《いんき》の求めに応じて、著書『老子』を書き残したとされています。

老子は関所のかなたへ去っていき、その行方は杳《よう》として知れなかったのですが、そのことを述べている司馬遷《しばせん》の『史記』の「老子伝」には、「老子は楚《そ》の苦《こ》県の厲郷《らいきょう》、曲仁里《きょくじんり》の人で、姓は李《り》氏、名は耳《じ》、字《あざな》は伯陽《はくよう》、おくりなして聃《たん》という」と記されています。

道家の思想を体系づけて生まれた『老子』

『史記』にはまた、孔子が老子に教えを受けようとして面会したのちに、

「鳥は飛ぶもの、魚は泳ぐもの、獣は走るものというくらいのことは私も知っている。走るものは網《あみ》でとらえ、泳ぐものは糸でつり、飛ぶものは矢で射ることも知っている。だが、風雲に乗じて天に昇ると言われる竜だけは、私も見たことがない。今日、会見した老子はまさしく竜さながらのような、つかみどころのない人物だ」

と言ったとも記されています。

老子とはいかなる人物であったのでしょうか。さまざまな想像が湧《わ》いてきます。

しかし、『史記』には、別に二人の老子も登場します。

一人は楚の国の老莱子《ろうらいし》という隠士。もう一人は周の太史儋《たん》です。このように『史記』が書かれた紀元前一世紀ころにはすでに、老子の伝記はあいまいになっていました。

ほかにも、この人こそ老子ではないかと、何人もの人が推測されています。それにしても、はたして、これらの人たちに、かくも深い内容のものを書き上げるだけの能力があっ

たのだろうか、という疑問が投げかけられています。

また『老子』の内容や文体を見ていくと、単独ではなく、少なくとも数人の手によって書かれたものと思わざるをえません。

こうしたことなどから、老子は実在の人物ではなく、当時の道家の哲学を語り、そして学ぶ人たちの考えが集大成されたものが『老子』であり、言いかえれば道家の人たちの真髄こそが、老哲人こと老子であると考えられます。

とはいえ、老子という、伝説的な仙人のような、卓越《たくえつ》した一人の人物がいたかもしれないと想像してみることも、楽しいのではないでしょうか。

おそらく、『史記』に記されたような老子をはじめとする、何人ものすぐれた道家の人たちがいたのでしょう。

そうした人たちの出現よりもはるか以前から、道家思想はあったのですが、それが数人の、あるいはたくさんの、老子のモデルとおぼしき人たちによって行じられ、思索され、さらに深遠な思想体系として、タオイズムは深化し、確立されていったのだと考えることは不自然ではないでしょう。

荘子《そうし》とは、どんな人物か

老子の説をまとめて、より高踏的《こうとうてき》に肉づけしたと言われる人物が、荘子《そうし》です。

荘子は「万物斉同《ばんぶつせいどう》」といって、無限なるもの（道）と完全に一体となり、すべてのものを受け入れること、また死も生も斉《ひと》しくする（死んでいることと生きていることに区別はない）という考え方を説きました。

荘子は、その名を周と言い、『史記』の「列伝」には、郷里で漆畑《うるしばたけ》の役人をしていたことや、楚の威王《いおう》から宰相《さいしょう》として招聘《しょうへい》を受けたときに、一顧《いっこ》だにせず断《ことわ》ったことなどが記されています。しかし、それは史実としては不確かであり、また紀元前三六九年に生まれ、紀元前二八六年に没したという推定もありますが、じつのところ、生没年代や履歴についてはほとんどわかっていません。そのように、荘子という人物についても、必ずしも実在の人という証明はありません。

つまり荘子もまた、道家の人たちの教えの集大成であると思われるのです。

荘子は、道教においては神格化され、「南華真人《なんかしんじん》」もしくは「南華老仙《なんかろうせん》」と呼ばれます。

◆◆◆「胡蝶《こちょう》の夢」という有名な寓話《ぐうわ》

全三十三編からなる『荘子《そうじ》』の「斉物論篇《せいぶつろんへん》」（斉物とは、万物はすべて平等であり、差別はないという意味です）に、「胡蝶《こちょう》の夢」という有名な寓話《ぐうわ》が記されています。

あるとき、私（荘周）は夢のなかで蝶になっていました。

ひらひらと舞っていて、まさしく胡蝶そのものでした。

自然と心楽しくなり、気持ちがのびのびしたものです。

もはや自分が荘周であるなどとは気づかなくなっていました。

ところが、ふと目が覚めると、自分はまぎれもない荘周ではありませんか。

荘周が夢で蝶になったのか、それとも蝶が夢で荘周になったのかはわかりません。

しかし、荘周と胡蝶とには、間違いなく、その区別があるはずです。

荘子はこの寓話のように、タオにおいて、けっして変わらない存在はない、すべては絶えず変化しており、これが自分の本体だと思い込んでいても、それはとらわれや錯覚にすぎないのだといったことを、さまざまに解説していきます。

無用の用を説いた荘子

また人は、まっすぐで材木として用いられる木のように、有用（役に立つ）ということにばかり目を向けるが、有用というのは小賢しいことであり、曲がりくねっていて切り倒されない大木のように、無用とされるものにこそ大用（真の用）があるのではないだろうかと、「無用の用」を解説します。そして、物事を表面的、一面的に見ることなく、また既成の概念にとらわれないタオの生き方について説いていきます。

『荘子』外篇の「山木篇《さんぼくへん》」には、次のような寓話が載っています。

荘子が、弟子と旅に出ているときのことです。

とある山中で、枝葉がこんもりと繁った大木が目にとまりました。近くに木樵《きこり》がいるのに、その巨木を伐《き》り取ろうとする気配《けはい》はありません。荘子が理由を尋《たず》ねたところ、「こん

な木は役に立ちませんよ」という答えでした。そこで、

「この木は、役に立たないおかげで天寿《てんじゅ》をまっとうすることができるのだ」

荘子は弟子に、そう教えるのでした。

その夜、荘子は昔なじみの家に泊まることになりました。主人は来客を喜んで、飼っている雁《かり》をつぶしてご馳走《ちそう》をしてくれたのですが、二羽の雁のうち、よく鳴かないほうが役立たずだと主人に判断され、つぶされてしまいました。

翌日、弟子はそのことにとまどい、荘子に尋ねました。

「いったい先生は、役に立つのと、立たないのとでは、どちらがよいと思われるのですか」

荘子はにっこり笑って、こう答えました。

「わしならば、役に立つのと立たないとの中間にいよう。といっても、それでは『道』に遊ぶまでにはいたらない。ほんとうに『道』に遊ぶというのは、賞賛を浴びることもなければ、謗《そし》りを受けることもなく、そのときその場に調和し順応をして、でしゃばらないことだ。浮こうが沈もうが、そのままでいる。人と争うことなく、『道』にしたがって、身をゆだねる。物を制しても、物に制されない。そのような生き方をすれば、わずらわしい事柄にとらわれることもないのだ」

幸せになる明るい道

老子や荘子は、このように、とらわれない、こだわらない、それでいて流されない生き方を説いてきました。それがタオ（道）です。

さて、自分自身、そしてあなたの周囲にいる人たちが楽しさや幸せを感じるためには、まずあなた自身が明るい気持ちを保《たも》ち、そして明るい表情でいることです。

わかりやすく言うと、世の中には道は二つしかないのです。

まず一つは、幸せになれる明るい道。

もう一つは、我執にとらわれた暗い道です。

その我執というのは、いったいどんなものでしょうか。

「我執」とは道家の言葉で、物事や人や、ある考え方にこだわって執着することです。その執着が、私たちの考え方やものの見方を狭くし、窮屈《きゅうくつ》にして、結果的に毎日が暗くなってしまうのです。つまり、さまざまな悩みを生み出すのです。

たとえば多くの人は、物欲や愛欲や金銭欲や名誉欲といった欲望に、つい執着心が出てしまうものですが、あなたがそうした欲望のために苦しくなったら、それは我執だと思えばよいのです。

◆◆◆ 欲に振り回されない

もっとも、欲そのものは無であり、もともとないものですから、善《よ》いものでも悪いものでもありません。そして、そうした欲があるからこそ、満たされた喜びもあるのです。

老子の言うように、「無」があるからこそ「有」があるのです。

タオイズムの本来の「無」の哲学において、無とはすべてのものが生まれ、すべてを包含し、すべてが帰っていくものであって、けっして寂《さび》しい、消極的な、ネガティブなものではありません。もちろん虚無的《きょむてき》なものでもありません。何ものにもとらわれない、あるがままの、自由であるありさまや、そうした人間の境地こそが「無」なのです。

ところが、その欲に執着して、振り回されるようになってしまったとしたら、本来満足できるはずの欲にも満足できなくなり、不満はつのるばかりとなります。そして悩みやストレスを生み、病気を生じさせ、自然に楽しく生きてゆくことを妨げることになるのです。

たとえば、よく聞かれることですが、お金は縁《えん》があれば儲けたらよいのです。お金を「不浄なもの」とみなしたり、あるいは「清貧に甘んずる」ことを正しいと思い込んで、それにとらわれたりして、お金を拒絶する必要はありません。よく言われるように、「金は天下の回り物」であって、それは蓄えておくものではなく世の中を流れていくものなのです。したがって、お金はあればよし、なくてもよしという存在で、むしろそのお金の使い方が大事なのです。

とはいえ、欲を持つならば、真理を探究する欲や、世の中をよくしたいという、もっと大きな欲を持ち、そして我執からは離れていたいものです。

我執について言えば、たとえば画家や音楽家や文学者といった芸術家などの場合は、我執にとらわれていると、多くの人たちから支持されず、成功することはおぼつかなくなります。一方、我執のない方の場合は、たくさんの人たちから愛されることになるのです。

差別感が我執をつくる

もともと人というのは、生まれ落ちたときはなんの我執もありません。ところが、おっぱいを飲みはじめると、とたんに様子が変わります。赤ちゃんを見ていると、片方の乳房から母乳《ぼにゅう》を飲んで、もう片方の乳房を小さな指先でつまんでいるのです。どの子でも、そうです。

つまりこれは、お母さんの乳をもらうための、赤ちゃんの本能のなせるわざなのでしょうが、大事な母乳を他人に取られたくないという、「我執」の誕生とも言えます。

「これは自分のものだ」「自分と他人は違う」という区別の意識や差別感が出てくると、我執になるのです。

また成長していく段階でも、さまざまなことがあります。両親や学校の先生から、「あしちゃいけない」「そんなことをしたらダメだ」などと教えられ、それが積もり積もって、いつのまにか、心が凝《こ》り固まってしまうのです。

◆◆◆ 美しく咲き誇る花を見て

その一例をお話ししましょう。

以前、ある若い女性といっしょに公園へ出かけたときのことです。なかに入ると、その一角に偶然、美しいツツジがたくさん咲いていました。そこで思わず、「ああ、きれいね！よく咲いてくれたね」と楽しさのあまり、大きな声で言ったのです。ところがそばにいた女性は、「先生、ただのツツジでそんなに喜べるんですか?」と不思議そうに言うのです。彼女は美しく咲き誇る花を見ても、「きれいですね」のひとことも出てこないのです。「季節だから、咲くのがあたりまえでしょう」、それでおしまいでした。

どこかで自分を抑えていて、自然の醸《かも》し出す美しさや、調和や、生命力のほとばしりといったものに感動するという、素直な心を忘れているのです。口に出して感動をあらわすことが苦手《にがて》なため、純粋に体の奥から喜びが出てこないのです。

青空の下で、爽《さわ》やかな風に吹かれながら、目の前にきれいな花が咲いていても、それを楽しみ、いとおしむことができるだけの心と体の余裕がないとしたら、なんてつまらない日々でしょうか。

人間も自然の一部

自分のなかにこだわりやとらわれがなければ、花の美しさにふっと入っていけます。また、やさしく花に話しかけ、心で対話することもできます。

人はみな、生きているのではなく、生かされているのです。この天地自然のなかで、毎日、気を感じながら、自然に沿《そ》って生きていくようにできているのです。それがタオ（道）なのです。

人間も自然の一部です。いつも「天の気」を感じるように、我執を放《ほ》かし、病気をなくせば、さまざまな色彩で咲き誇る花々や、大空を茜色《あかねいろ》に彩《いろど》る夕日を心から楽しめます。それだけではありません。身近に迫っていた「危険の気」も察知して、それを避けることもできるのです。

ところが、我執があると、気がどんどん内にこもってしまい、運気もめぐりません。本来、うれしいとか楽しいという感情は、人の気の流れをものすごくよくするものです。すると当然、幸運もやってきます。ところが、それを自分で抑えてしまっているのですから、なんとももったいない話です。

タオの自由な境地を詩にした陶淵明《とうえんめい》

タオイズム（老荘思想）に深く傾倒し、その世界を気韻《きいん》の高い詩や文章に表現していた人物として有名なのが陶淵明《とうえんめい》（三六五〜四二七年）です。

田園主義の詩人、田園詩人、隠逸《いんいつ》詩人、隠遁《いんとん》の人とも称され、名利に恬淡《てんたん》としていました。東晋《とうしん》（三一七〜四二〇年）の詩人として知られています。

「帰りなんいざ、田園まさに蕪《あ》れなんとす」という、陶淵明の文章（「帰去来《ききょらい》の辞《じ》」の冒頭）の一節を、あなたは聞いたことがあるのではないでしょうか。

その陶淵明の詩のなかで、最もよく知られているのが「飲酒二十首」のうちの「其の五」の次の部分です。

采菊東籬下
悠然見南山
山気日夕佳
飛鳥相与還
此中有真意
欲弁已忘言

菊を采《と》る　東籬《とうり》の下《もと》
悠然　南山《なんざん》を見る
山気　日夕《にっせき》に佳《よ》く
飛鳥《ひちょう》　相与《あいとも》に還《かえ》る
此《こ》の中《うち》に真意あり
弁ぜんと欲《ほっ》して已《すで》に言を忘る

「菊を東の籬《まがき》の下《もと》で摘《つ》んでいると、悠然（はるかに）廬山《ろざん》が見える。折しも夕方になって、山の気象は晴れてうるわしく、飛鳥がねぐらを求めて相共に帰ってゆく。この帰鳥のうちにこそ自然の真意があるが、自分はそれを語ろうとして既にいうべき言葉を忘れてしまった」

この訳文は、作家の中谷孝雄氏の手になるものです（『わが陶淵明』筑摩書房）。

「無為自然」というのは、このように、心も体も限りなく自由で、とらわれがなく、しかも生活のなかのささやかな行為や、日常のさりげない行為のなかに、心の底から、雄大で奥深い世界を感じられる境地をあらわしているのです。

それはまた、心豊かで、ロマンチックで、楽天主義的でいて、しかも気品の高い生き方です。

自由な生き方、自由な発想

タオイズムというのは、あらゆるとらわれや、こだわりや、思い込みといった我執から、人を解き放つものです。

したがって、それはほんとうに自由になるための教えとも言えます。

中国では、前漢の武帝《ぶてい》によって儒教が国教になりますが、儒教は規範が厳しく固苦しいので、人々はみな家に帰ると、それらをすべて脱ぎ捨てて道家に返っていたのです。

やはり、今生きている社会のなかで、毎日の生活をほんとうに楽しみたいという自由な発想があったようです。

今を楽しむ気持ちがあれば、文学や美術や書や工芸、芸能をはじめとする、さまざまな芸術活動がなされるようになり、芸術が花開きます。また、服飾文化や食文化も発達します。食べることにも、異性と楽しむことにも充実感が出てきます。

その楽しさ、充実感を長く保つための健康法として「房中術《ぼうちゅうじゅつ》」まで成立し、「薬膳《やくぜん》、薬《やく》酒《しゅ》」が生まれたわけです。

ほんとうの幸せというのは、人が天から生を与えられたように、ありのままに楽しんで生きることだと道家は考えているのです。

◆◆◆ 大昔はみんなタオイストだった

じつは、大昔はみんなタオイストだったのです。

老子は「小国寡民《かみん》」（国が小さく、国民が少ない）の世界を理想郷としていましたが、この思想を発展させたのが、陶淵明が書いた短い物語「桃花源記《とうかげんき》」に由来する「桃源郷《とうげんきょう》」です。それはタオイストたちが住む理想郷のことです。

そうした小さな国の生活の基本にあったのが「身土不二《しんどふじ》」です。六十メートル以内のところで採《と》れたものを食べていれば体にもよく、欲を出さずに、みなが分かちあいながら、楽しく生きていけばよいのだという考え方です。

おそらく現代科学もこのまま極限まで行くと、また何もない時代にもどり、そのときにふたたびほんとうのタオが出てくるのかなとも思われます。

地球の温暖化現象も、宇宙の法則から見れば自然ななりゆきであり、それも含めて、無為自然にもどる宇宙の大いなる智慧《ちえ》なのかと思います。

TAOコラム

「令和《れいわ》」とは「気」を調和すること!

『荘子《そうじ》』の註釈書にある「令和」は導引《どういん》をあらわす言葉!

今年(二〇一九年)、四月一日に新元号「令和《れいわ》」が発表されました。このときを楽しみに待っていた私も含めた多くの人たちにとって、感動の一瞬でした。

はじめて日本の古典を出典としたとのことで、新しい爽《さわ》やかな時代を象徴するかのような元号に、すがすがしい気持ちになりました。

監修の言葉で触れたように、元号が発表されるまさにそのとき、私は四川省《しせんしょう》での学会が終わって、北京《ペキン》に到着し、日ごろ多くを学ばせていただいている、林中鵬《りんちゅうほう》先生のもとにおりました。

一分ほどしてでしょうか、林先生がにっこりと微笑《ほほえ》まれて「よかったですね。これは導引《どういん》を解説した言葉なのですよ」とおっしゃったのです。そして驚いて先生に注目する私たちに、紀元前に書かれた道家の哲学書である『荘子《そうじ》』外篇の「刻意篇《こくいへん》」にある導引を解説した部分を示され、晋《しん》の時代(二六五~四二〇年)の李頤《りい》という人が註釈をつけた、その文章そのものだとおっしゃったのです。

それは、

導引者、導気令和、引体令柔
（導引は、気を導きて和《わ》せしめ、体を引きて柔《じゅう》ならしめる）

という言葉です。

つまり簡単に解説すると、「導引とは、気を導いて調和し、体を引いて柔軟にする」という意味です。

体内に気をめぐらせて調和し、体を動かして柔軟にする、まさにその導気令和の「令和」なのです。

「和せしめ」と読みますが、それは調和するというように理解してよいと思います。

まさに私たちタオイストにとっては、「令和」は体内の気の調和をつねに意識せざるをえない、素晴らしい年号となったのです。

導気令和

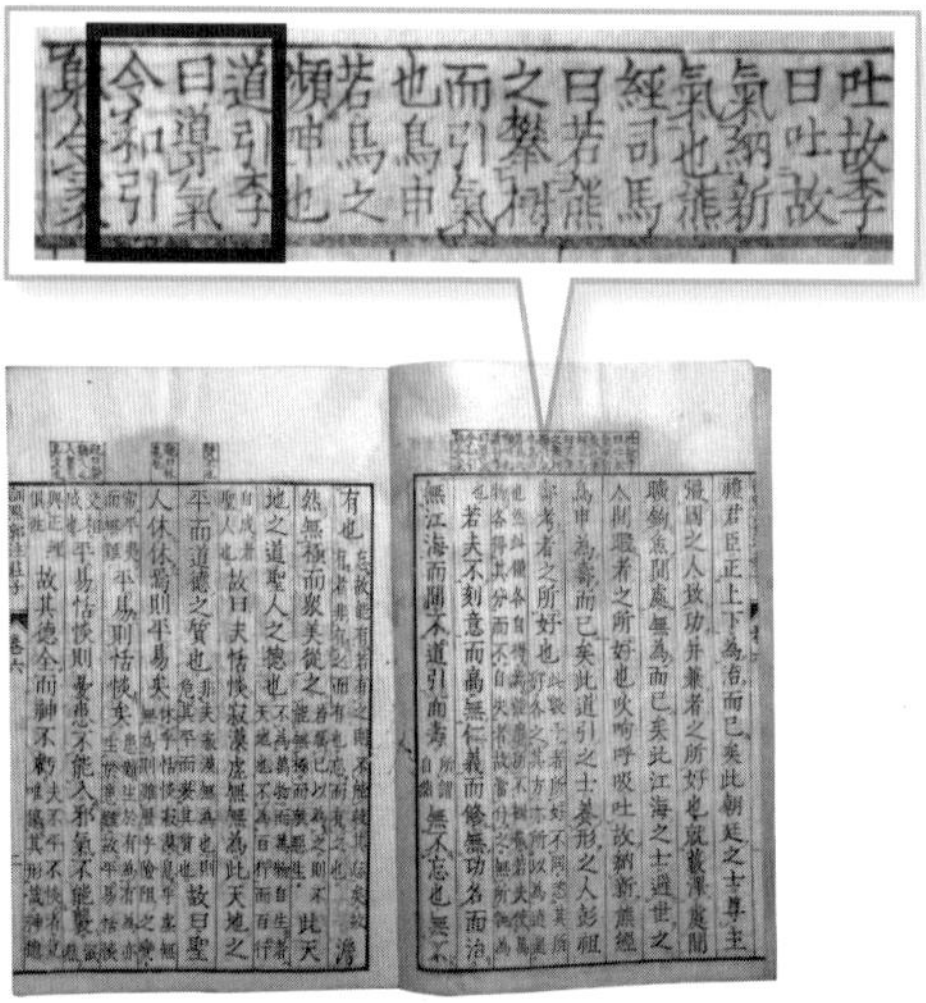

『黄帝内経霊枢《こうていだいけいれいすう》』にある「令和」

また、そのお話を伺《うかが》ってから資料を探していたら、ちょうど日本道観所蔵の『郭注荘子《かくちゅうそうじ》』（郭《かく》象子《しょうし》玄《げん》による荘子注釈）の「刻意篇《こくいへん》」の、導引を解説したところの頭（上欄）に「李曰《りいわく》」と註釈が載《の》っていました。なんてすてきな出会いでしょう！　その日は一日中、みなでその話でもちきりでした。林先生から、その後、ほかにも中国古典の『黄帝内経霊枢《こうていだいけいれいすう》』にも「令和」という言葉があることをご連絡いただきました。

とにかく、「令和」とは、まさに気の「導引」をあらわした言葉であることに驚き、そしてこの「令和」の時代に、気を調和することを忘れずに、タオをさらに普及してゆこうと心に決めた出来事でした。

『黄帝内経霊枢』「終始篇《しゅうしへん》」に、次のような記述があります。

知迎知随、気可令和
（迎《げい》を知り、随《ずい》を知れば、気和せしむべし）

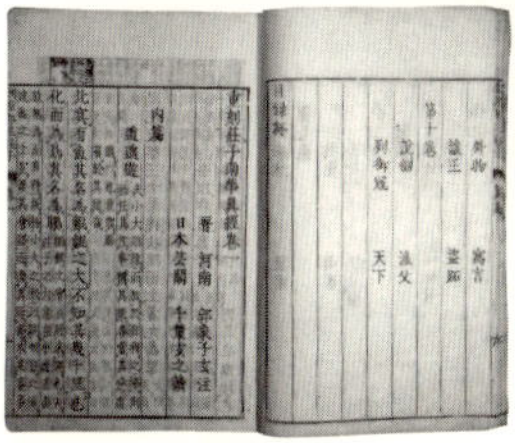

『郭注荘子』10冊
南郭校、千葉玄之再校
天明３年（1783年）
日本道観所蔵

ここは鍼灸《しんきゅう》の解説の部分で、この「気和せしむべし」は、「（その前に書かれている補瀉迎随《ほしゃげいずい》の方法がわかれば）経気《けいき》を調和することができる」ということで、「令和」は、調和するという意味です。

『荘子《そうじ》』と同じく、気を調和する、という意味に使われています。

体内の気を調和して日々を過ごす

こうして見てくると、体内の気を調和することの大切さを説いた言葉が、このたび新元号に選ばれたことは、単なる偶然ではなく、新たな時代は、やはり「気」ということが非常に大切になる時代であるということを示しているのではないでしょうか。

気分がいい、気が乗る、行く気がしない、気が合わないなど、日本語にはたくさんの「気」という言葉が自然に使われ、私たちも毎日使っています。

この「気」という見えない不思議なエネルギーを味方にして、その「気」を調和して、健康に滞《とどこお》りをつくらずに日々を過ごすひけつを学ぶことは、人生を明るく楽しく元気に生きるために、とても大事なポイントとなることでしょう。

第二章

心を洗う洗心術《せんしんじゅつ》

「洗心《せんしん》」によって、本来の自分に帰る

日本道観では、楽しく元気に人生をひらくための、心と体の三つの「気のトレーニング」を行っています。

その三つとは、「洗心術《せんしんじゅつ》」、「気の導引術《どういんじゅつ》」、そして「道家動功術《どうこうじゅつ》」です。

それらについて、一つずつ解説をしていきたいと思います。

「洗心」という、すがすがしい言葉をご存じですか。それは心を洗うことです。

心の汚れを洗い落とし、本来のきれいな心になるということですが、これは言いかえれば、頭を切り替えることです。つまり、「自然のままに生きるという考えを、いかに心の健康にあてはめるか」ということです。

道家では、「赤子《せきし》に学ぶ」と言いますが、人間は誰でも赤子《あかご》（赤ちゃん）のときは無邪気であって、見栄《みえ》も意地もありません。日本道観では、「洗心」を通して、そのように幼いころの無為自然《むいしぜん》な自分にもどることを目指しています。新しい何かを身につけるのではなく、本来の自分に帰るのですから、気が楽です。

赤ちゃんが最も強い理由

『老子《ろうし》』第五十五章に「含徳《がんとく》の厚きは、赤子《せきし》に比す」という言葉があります。徳を内に多く秘めている人は、無欲で無心な赤ちゃんのようである、というのです。

続いて老子は、赤ちゃんには毒虫も刺さなければ、猛獣も爪をかけない、鷲や鷹のような猛禽《もうきん》が襲ってくることもない、つまり弱いようでいて最も強いのが赤ちゃんであり、そして無邪気な生き方だと言っています。

人はこだわりを持たず、なにごとにもとらわれなければ、赤子のように大らかに楽しく、そして自分らしく生きていけるのです。ところが、日常のなかで仕事や人づきあいに悩んだり、見栄を張ったり、欲に苦しんだりして、さまざまな心の葛藤《かっとう》が生まれます。

これらの我執《がしゅう》を、私や早島妙聴副道長（現道長）との対話を通して整理しながら、心を洗う体験をしていただくとよいのです。

それが洗心術です。それによって、プライドや世間体《せけんてい》、先入観といった、あらゆる我執を放《ほ》かしていくのです。

現代人のための玄談《げんだん》

道家では、師とともに話しあいをすることが大切な修行法になっています。

その師と弟子の質疑応答のことを、道家では「玄談《げんだん》」というのですが、洗心術はまさに現代人のための玄談なのです。

「玄」というのは、一般的には黒いとか暗いという意味あいが強い言葉ですが、タオイズムにおける「玄」というのは、奥まったところ、奥義のあるところという意味です。「幽《ゆう》玄《げん》」とか「玄妙《げんみょう》な」という言葉がよく使われますが、それらの意味も、このことがわかると、理解しやすいのではないでしょうか。

ねたみや嫉妬《しっと》、そして「自分は正しい」という思い込みなど、人は気づかないうちに我執にとらわれ、気の流れを悪くしています。洗心術によって、我執を無理なく放《ほ》かしていけば、気の流れに沿《そ》った幸福な生き方ができるのです。

その対話は、基本的には一対一ではありません。大勢の人の前で、各自が個人的な悩みを話し、私や副道長がそれに答え、その問答を聞きながら、みんなで考えるというスタイルです。

心を洗うことの大切さ

日本道観の洗心講座は、気のおけない温かな雰囲気での対話ですし、悩みを相談したいという気持ちの強い方々が真剣に話されます。もちろん、なかには、人前で自分のプライベートな話はできないと言ってくる人もいます。

たしかに、誰にも知られたくない悩みや、これまでずっと秘密にしていた苦しみを抱《かか》えていて、とうてい打ち明けることはできないという方もいることでしょう。

しかし本来、あらゆる悩みの原因は我執でありますから、ほかの人の話を聞きながら、「ああ、私の問題と同じなのだ」と気づいていくことができます。

そして、心のつかえが取れ、今この瞬間を生きる喜びというものが、自《おの》ずとわかってくるのです。

洗心を行う場である洗心講座は、たくさんの人の前で自分の悩みを語るという場でもあります。心の内に蓄積された悩みを、思いきって言葉にして口に出すだけで、その人にとって、これまでにない大きな前進になるのです。

一対一の話では、頭では理解できても、我執が邪魔《じゃま》して、心から変われないので、根本的な解決にはならないのです。人は裸になってこそ、はじめて変われるものです。

◆◆◆才能も開花していく

参加されたみなさんが納得《なっとく》し、ひとしく、すがすがしい顔で帰られます。

道すがら、青空の美しさにあらためて気づいたり、いつも見慣れた景色がきらきらと輝くばかりに見えるので、その感動を手紙などで伝えてくる人もいます。洗心術によって、心が自由になるからです。

また、洗心術のあと家に帰ろうと思って歩いていたら、同じ道であるのに、行きのときとは景色がまったく違って見えた、などの体験談もよく聞きます。我執にとらわれると、視野が狭くなり、物の見方が偏《かたよ》ってしまいます。そうではなく、自然のまま、とらわれなく生きるようになると、世界は広々とし、人生はいつも美しく輝いてくるのです。

このように洗心術を受けることによって、子どものように大らかな心を取りもどすことができます。すると、無理のない生き方ができるようになるので、自然と悩みが取れ、仕事や勉強の能率も上がり、本来その人が持っていた才能が磨かれ、自由に開花するようになるのです。

頭の切り替えができるか

人というのは、生活のさまざまな場面で他人を羨《うらや》んだり、逆に、自分は正しいという思い込みにとらわれ、気づかないうちに気の流れを悪くしているものです。これらの我執を洗心術で無理なく放《ほ》かしていけば、気の流れに沿った幸運な生き方ができるのです。

すなわち洗心術は、先入観などで凝《こ》り固まった考えをふっと切り替え、本来の自分自身を取りもどすことのできる、格好の機会になるのです。

人生が楽しいか、楽しくないか、その分かれ目は、ただ、あなたの頭の切り替えができるかどうかにかかっています。

つらい日々だと思えてしかたがないとき、毎日が苦しくてたまらないとき、あるいは人生がつまらなく感じられるようなとき、そんな折りには心を洗ってみてはどうでしょうか。

そうすれば、明日からあなたの人生は変わるはずです。

「正しく」ではなく「楽しく」、そしてまた、「今日」を、「今」を楽しむとよいのです。無為自然に生き、健康に天寿《てんじゅ》をまっとうするのがタオイストです。人生を悔いなく明るく楽しく生き、自ら定年を設《もう》けず、生涯現役を目指す、それがタオの生き方なのです。

◆◆◆「性命《せいめい》双修《そうしゅう》」という生き方

タオイズムでは「性命双修《せいめいそうしゅう》」という言葉を遣《つか》います。

この「性」とは、「りっしんべん」に生命の「生」ですから、心のこと、心の悟りのことを指します。「命」は、いのち、体のことです。命を延ばすことを意味します。「双修」とは両方をあわせて修行することです。

つまり性命双修とは、道家の気の医学では、「天地自然の気と一体となって、その心と体の両方をいっしょに修める行《ぎょう》を積んでいく」ということになります。

「不老長寿の仙人」というタオイズムの理想像は、こうした考え方から生まれたものです。

仙人と言えば、白髪で長い髯《ひげ》をはやし、深山幽谷《ゆうこく》に住み、ときおり木の実を食べながら暮らし、不可思議な神通力を使い、風を呼び雲を吹き寄せ、白雲に乗って空中を悠々《ゆうゆう》と飛んでいき、またあるときは亀に乗って海中深くを進んでいく、宇宙の深い真理を知りえた不老不死の人物といった、神秘的で空想的なイメージを、あなたはいだいているのではないでしょうか。ところが仙人とは、じつは道家のなかでも最高のレベルに達した修行者のことを指す言葉なのです。

ちなみに仙人については、崑崙山《こんろんざん》の名が思い浮かびます。中国西方には伝説的な修行の山、崑崙山があります。道教では、その崑崙山には地上と天上界を結ぶ梯子《はしご》がかかっていて、女の仙人の最高位である西王母《せいおうぼ》が住んでいたと伝えられています。そこには不死の泉が湧《わ》いていて、その水を飲んでいると不老長生が得られるという物語があります。

体と心の両面から「気」を整えていく

そもそも心身はつねに一体であり、けっして別々に切り離すことはできないものです。心が迷うと体が滞《とどこお》り、体が悪いと心に影響します。したがって、心が不調のときは、導引術、道家動功術で、まず体から整え、気のめぐりをよくします。

たとえば、ずっと気になっていた肩こりや腰痛がスッキリするだけで、長いこと解決できなかった悩みからフッと抜け出すことができたりもします。

また心の悩みを洗心術で切り替えていきながら、日々の導引術で体を整えると、それまでどんなに努力しても減らなかった体重が、自然と減ってしまうということもめずらしくありません。道家ではこれを、「心が病《や》めば、体も病む」とも、あるいは「心の病は体で治し、体の病は心で治す」とも言います。

最近では「ストレスは万病のもと」とも言われるようになってきましたが、じつは喜怒《きど》哀楽《あいらく》も高じると、体が傷つきます。なにごとでも、過ぎると気を損《そこ》ねてしまうからです。

体の調子がよければ自然と心も軽くなり、心が明るくなれば体にも元気が湧いてきます。日本道観は、この「性命双修」ということを旨《むね》として、体と心の両面から気を整《ととの》えていくのです。

◆◆◆ 心の悩みを解消する

現代人は、心と体を別々のものであると、つい考えがちなのですが、じつは気の作用は、心と体のすべてにつながっています。体が病めば心もふさぎます。心のなかにつらいことがあれば、体の機能も滞ります。仕事のストレスがすぐ体調に現れるという人もめずらしくありません。

もっと単純に言うと、おいしいものを食べて満腹になれば心も幸せですし、空腹だとイライラしてきます。お風呂にゆったり浸《つ》かって、体がぽかぽか温まっているときには、好きなメロディを口ずさむことはあっても、誰かと大ゲンカをする気にはとうていなりません。

まず理屈ではなく、体を整えて気の滞りを取ってみることです。すると、体調はもちろんのこと、プライベートでも、仕事の現場でも、心のあり方が変わってくるのです。

肉体を通して考える

人間は肉体を使って生きているので、じつは、この肉体がすべてなのです。心がすべてではありません。

心が何かを考えることについても、生きているあいだは肉体を通して考えているのです。したがって、肉体がポンコツだと、心も正常でなくなります。

たとえば、人は手がちょっと痛いだけでも、いい顔はできませんし、胃が痛ければニコニコなんかしていられません。

人は肉体が健康であってはじめて、日々の生活を楽しみ、大らかに生きていけるわけです。

人の臓器は、「喜」は心臓、「怒」は肝臓、「憂」は肺臓、「悲」は肺臓、「笑」は関節、「恐」は腎臓、「驚」は心臓というように、五臓六腑《ごぞうろっぷ》は感情とペアになっているのです。したがって、内臓が病むと感情も損なわれ、人生の歯車までが狂ってくるわけです。

人間は感情の動物ですから、社会生活の刺激のなかで、さまざまな感情が湧き起こります。ところが世間体を気にしたり、見栄を張ってなにごともないように装っていたりすると、その感情がそれぞれの内臓に入り込んで、傷つけることになります。

そして、その感情に引きずられて、いつまでも怒ったり、悲しんだりしていると、それでまた内臓を痛めてしまうことになるのです。

たとえば、いつも我慢をしているような人は、いったん怒り出したら爆発してしまうものです。長いこと我慢を続けていると、体に悪いだけではありません。

顔では何気ないふりをしても、溜《た》まってしまいがちな怒りを、そのつど放《ほ》かしているのではなく、ギュッと押し込めてしまっているわけですから、肝臓を傷つけることにもなるのです。

まず体から癒《い》やしていく

心と体についての別の例をあげましょう。たとえば失恋をして、ショックで胃の調子も悪くなってきたとします。

友だちがいくらなぐさめてくれても、心は晴れません。そういうときに、体の気を整えていくと、まず胃の痛みがおさまってきます。そのうちに自然と、「相手とは縁《えん》がなかったのかもしれない」と思えてくるのです。

体が無為自然の状態ならば、失恋でも、仕事の失敗でも、一つの現象に心がとらわれなくなります。

子どもが転んだときには、ワーッとひとしきり泣きますが、またパッと立ち上がって遊びにもどっていきます。

それと同じように、何か失敗があっても、それにとらわれず、次へ向けてポンと気持ちを転換できます。

体の気を整えると、あたかも子どものように、心の切り替えが早くなるのです。

◆◆◆ 我執《がしゅう》から自由になれる

洗心術で、私や早島妙聴副道長と率直に悩みを話しあい、子どものように大らかな自分を取りもどしていきます。

私や副道長と向きあい、心に溜まっていた悩みを思いきり、隠すことなく、素直に話すことによって、話し手は我執から自由になり、無為自然な考え方ができるようになります。

私や副道長は、参加しているみなさんと一つになって、無心《むしん》で話を聞くので、話し手はほんとうの自分自身と向きあうことになります。こうして、心の悩みを洗い落とすのですから、ほんとうにすがすがしい気持ちになるのです。

対話をすることによって、心にわだかまっていた悩みを思いきり打ち明けられますから、誰もが確実に一歩《いっぽ》踏み出すことができ、我執を放《ほ》かした、ありのままの自分らしさを見つけるきっかけになるのです。

洗心を一度でも受けると、みなさんがずいぶん変わります。

たとえば苦手な上司のよいところに気がついて、好きになったという話をよく耳にします。

自分自身の気がよい方向に向けば、自然と幸せになれるのです。だからこそ、本を読んでわかった気になるのではなく、まず実行してみなさいよ、とお伝えしたいのです。やはり、実践してわかることが多いのです。

「お父さん」と言えなかった女性

ある女性は長いあいだ、父親との関係がうまくいかず、「お父さん」という言葉がどうしても口から出ない状態でした。そこで、洗心術を受けたのをきっかけに、まず「お父さん」という単語を話す練習からはじめたのです。

何度も何度も、「お父さん」と口に出す練習をしながら家に帰ったところ、なんと父親が玄関の前に立って出迎えているではありませんか。彼女が驚いたことは、言うまでもありません。

洗心術を受けると、対話を通して心がほぐれていきます。見栄や意地などで凝り固まっていた気持ちがほどけていき、自分を自分で変えることができます。すると、自分から発する気がよい方向へ変化しますから、彼女の父親が明らかに変わったように、自然と相手もよい方向へ変わっていくものなのです。

「お父さん」という言葉を言えなかったその女性は、今ではふつうに親子の会話ができ、家庭円満で、最近結婚をされ、ますます幸せになっています。

◆◆◆なぜ大勢の人の前で悩みを話すとよいのか

洗心術の場では、私は厳しいことを遠慮なく、徹底して言います。

「嫌われてもいいから、一度断《ことわ》ってみなさいよ。その甘えを直さなければ、けっして幸せにはなれません」などと、その人に必要なことをはっきり伝えます。

洗心術の講座で、「自分は何をやりたいのか、よくわからない」という悩みはたびたび聞きます。そういうときにはまず、「あなたは何が好き?」と尋《たず》ねます。誰でも自分のことはいちばん、わからないものですから、そのときはすぐには答えは出てきません。ただ、考えていくうちに、やがて必ず気づくことが出てきます。

また、洗心術はふつう大勢の人といっしょに受けるものなので、ほかの人の話を聞くうちに、自分でも感じることが多く出てきます。

洗心術で、マイクを持って、たくさんの人の前で悩みを話すと、これまで隠していたものがなくなり、それだけで一歩踏み出したことになります。また、ほかの人も悩みを話そうという気持ちで来ているので、どんな内容でも自然に受け止めてくれます。

　そこで話したり聞いたりしたことは、いっさい他言しないという約束があるのですが、そのかわり何を言ってもかまわないのです。もちろん、まだ自分の悩みは言いたくないと思えば、聞いているだけでも発見があります。しかし、自分が変わりたければ、できるだけ早い時期にマイクを持つことが肝心《かんじん》です。

「まだ悩みが整理できていないので、話せないのですけれど」と言ってくる方に対しては、こう言います。「整理などいらないのです。思いついたことだけ言葉にしていけば、だんだん話せるようになりますよ」と。

◆◆◆すべての答えは自分の心のなかにある

　ときには、こちらから質問を投げかけて、順々に答えてもらうこともします。すると、これまで黙っていた人も喜んでしゃべってくれます。また、それを聞いていた出席者からも反応があって、新しい発見があるものです。

たとえば、あるとき、嫁姑《よめしゅうとめ》の悩みを打ち明けた若い方がいました。すると、その席に姑の立場の女性がいて、

「私もいろいろ言ってしまうタイプなので、そのお義母《かあ》さんと同じことをしていたかもしれませんね。でもお義母さんはちっとも悪気《わるぎ》はないんですよ」

と姑の気持ちを代弁してくれました。すると嫁も姑も相手の立場に気づき、心情をたがいに理解できたのです。また話をしているうちに、自分の悩みはけっして特別ではなく、みんなが同じように思い悩んでいるということに気がつくのです。

洗心講座では、いちばん悩んでいる人に光が当たり、参加しているみんながいっしょに考えます。

「このこと、どう思う?」「あなたならどうする?」と、みんなでだんだん答えを出していくのです。

そこで出た答えというのは、私や誰かが「こうしなさい」と教えたことではありません。

「この答えは、あなたが出したものです。あなたのなかに答えがあったのです。勇気を持って、それを言葉にできたのですから、あとはそれを実践するだけです」と私は言います。

その結果、思いがけない人生が開けるようになるのです。

親子が変わった

洗心術に母娘《おやこ》で来られて、「この人とは親でも子でもありません」と平気で口にする娘さんがいました。見た目はごくふつうのお嬢さんなのに、お母さんの前で「この人は母親らしいことをしたこともない」と言い放つわけです。

しかし、母を憎み、人生に迷っていた、この娘さんが何度も洗心術を受けるうちに、考え方が変わり、またお母さんのほうも反省することは反省し、親子の会話ができるようになっていきました。

やがて結婚をされたら、里帰りが楽しみだと、お母さんに向かって語りかけるほどにまでなりました。そして、「入会前には考えられなかったことに、親をありがたいと思えるようになりました」と私に言いに来たものです。

そういう姿を見ると、それぞれにやさしい心を持っているにもかかわらず、親子のあいだで誤解したり、心がすれ違ったりしているご家族が、ほんとうに多いと痛感します。

洗心術の場では、いろいろな年代の会員の前で話してもらうので、自分のことにおきかえて参考になることが多いのです。

父親のことを娘さんが話すのを聞けば、「僕は父親の立場なので、耳が痛かった」と、別の父親が反省します。逆に父親が「うちの娘はこうなんですが」と言うと、別の父親が「うちの娘もそうなんだ」とわかったり、一方では別の娘さんが「自分もああなっちゃいけないんだなと思った」というふうに、自分を反省したりします。

このように、立場とか生き方は違っても、ほかの人の質問を自分の質問として聞き、ともに真摯《しんし》に考えていきます。つまり、ほかの人の質問で学び、また、話した人は話したことで問題を解決していくのです。そうして、みなさんが、それぞれの段階で悟っていくのです。

◆◆◆幸運は我執を放《ほ》かすことからはじまる

洗心術を一度でも受けると、みなさん、ほんとうに変わります。

たとえば洗心術では、「今の仕事がイヤでたまらない」という悩みについて、よく相談されます。そこで私が答えるのは、「イヤだ、イヤだと言うのではなく、まず徹してやってみなさい。真剣に行ってみなさい」ということです。

中途半端《はんぱ》であることがいちばんいけません。とことんやってみて、それでもイヤならば、ほんとうに嫌いな仕事ということですから、やめればいいのです。

ところが、いったん覚悟を決めてやってみると、案外、つらかったはずの仕事に何かが見つかるものです。そして「もうちょっと頑張《がんば》ってみようかな」という気持ちが自然と湧き上がってくるのです。

◆◆◆極端なあがり症の原因

私がたいそう残念に思っているのは、生まれながらにして持っている自分の素晴らしい能力を磨いていないと思える人が少なくないということです。

そうした人たちは、たとえば「私はこんなことをやりたい」「こんな人間になりたい」などという思いをいだいて、内面の輝きを深く掘り下げる以前に、つまらないマイナス思考に陥《おちい》っているのです。

それらの人たちは、「人目が気になる」「失敗が怖い」「やっても無理なのだから」などというように、取り越し苦労ばかりしていて、少しも先へ進みません。そして、本来、備わっている気のめぐりが悪くなり、自分を狭くしてしまうこともあります。

たとえば、日本道観に来ていたある男性は、極端なあがり症で、人前に立つと緊張してまったく話すことができませんでした。

「もしかして学生時代、人前で話をして笑われたことがありませんでしたか」と尋ねたところ、案《あん》の定《じょう》、そういう経験があるというのです。それ以来、「笑われたくない」という思いが潜在意識に染《し》みついていて、頭のなかでは「昔のことだから気にしてない」と思っていても、体は緊張するという答えを出しているのです。

それはフロイトのいうトラウマ（精神的外傷）なのでしょうが、こういうこだわりは、気の力を損ね、自然なコミュニケーションができなくなるばかりか、幸運を遠ざけることにもなります。

人に十回笑われれば、心が十回磨かれる

そうした「笑われたくない」という気持ちは、一種の見栄なのですが、そのような気持ちはよくわかるという方も少なくないことでしょう。

しかし、見栄は我執のなかでも最たる我執ですから、これを捨てるとほんとうに楽になります。

また、人に笑われるというのは、じつは大きなチャンスでもあるのです。何かを話していて、足りなかったり間違ったりすると、みんなが笑いますから、そのことによって、「あ、私はここが勉強不足だったな、これができていなかったんだ」ということに気づくのです。

人は誰でも自分がいちばん正しいものだと思いがちですから、そうした自分の不足がわかれば、成長のきっかけになります。そこを一生懸命に直せば生涯忘れませんし、一歩先へ出られるのです。

十回笑われれば、十回磨かれます。ですから私は、人に笑われることが好きなのです。

「放《ほ》かす」という生き方

現代のビジネスマンやＯＬたちは、たいへん勤勉です。評判の本があれば読んでおこうと思って手に入れ、英会話も身につけたいと願って学習をし、パソコンの勉強もおこたりません。しかし、朝から晩まで机にかじりついても、自分がやれる範囲は限られているものです。

たとえば、すでに右手と左手に荷物を持っていれば、三つ目の荷物は持てません。そのように無理して抱え込もうとするのではなく、まずは手に持っている荷物の一つを置いて、新しいものを持つことです。

それが我執のない生き方です。これを前述のように、道家では「放《ほ》かす」といいます。捨ててしまうのではなく、放《ほ》かしたものはそこにちょっと置いてある状態にして、また必要があれば、手にとればいいのです。

◆◆◆楽になり楽しくなっていく

多くの人は、仕事をするにあたって、「将来性がありそうな仕事だから、やってみたい」とか、「この資格を取っておくと有利だ」というように、周囲の意見や世間体で動いてしまいがちです。

しかし、どんな人間にも得手不得手《えてふえて》がありますから、自分のできるところだけは一生懸命にやり、苦手《にがて》な分野は人に聞けばいいのです。そして、助けてもらえばよいのです。

「自分は、こんなことができなくて恥ずかしい」といった気持ちを持つ必要は、毛頭《もうとう》ありません。そういう我執をスッと放《ほ》かせば楽になります。そして放《ほ》かせば放《ほ》かすほど、本来の自分にもどっていくことができるのです。

そして、「我執を放《ほ》かす」というのは、自らの内にあるこだわりの心を放《ほ》かして、あるがままにすごすことですから、気のめぐりがよくなり、仕事でも人間関係でも、どんどんよい形で回っていくようになります。

リラックスして我執を放《ほ》かし、心に余裕を持てるようになると、無為自然の生き方ができるだけでなく、自分が楽になり、楽しくなっていきます。

放《ほ》かして、放《ほ》かして、無になって、見栄や執着を捨て去り、この世の人生を楽しく送っていく。それがタオの生き方です。

我執がなければ人生は楽しい

心の我執を放《ほ》かし、体の病気を取り去れば、人間はみな、幸せに生きていけるようになっているのです。

人間はみな、陽の「精・気・神《しん》」、すなわち、「陽精」「陽気」「陽神」の三つを兼ね備えて生まれてきているのですから、我執がなければ、人生は楽しいのが当然なのです（98ページ参照）。

ところが、少なからぬ人は、苦労したり、耐えたり、我慢したりするようなことが人生の本来の姿であって、たくさん耐え忍び、そして苦しむことがよいことであり、修行だと思っているところがあるのです。

しかし、そんな人に限って、「自分はこれだけ修行をした」とか、「こんなに○○のために耐えてきたんだ」などという思いが固まってしまい、大きな我執となるケースがあるのです。

道家は、「人のために○○をしてやった」というようなやり方はしません。当然そうしたほうがよいと思えば行い、相手の人の感情や見返りなど求めないのです。

道家には、「○○してやるのだ」というような不遜《ふそん》な態度はまったくないのです。道を歩いていて、子どもが転んだのを見たら、すっと手を差し伸べるように、ただあたりまえのことをするということです。

赤子《せきし》の悟り

よく天來大先生がおっしゃっていたものです。

「きみたちが頭が固いのは、我執があるからで、それはれっきとした心の病気である」と。

自分を何かでガードしているため、体もカチカチに固くなるのです。

ジャンボジェット機が落下した大事故のとき、赤ちゃんだけが助かったことがあります。

赤ちゃんというのは、無防備で柔軟な状態ですから、高度一万メートルほどの上空から落ちても死なないといった奇跡が起きるのです。

道家の悟りの究極に「赤子《せきし》の悟り」がありますが、自分にいろいろなものをくっつけてりっぱな人間になるのではなく、放《ほ》かして放《ほ》かして、全部を取って、そうしてはじめて、そこにほんとうの「無為自然の強さ」があるのです。

TAOコラム

赤子《せきし》（赤ちゃん）に学ぶ柔軟さ

「老化度テスト・腰篇」

さあ、では究極の悟り、無為自然《むいしぜん》の強さを身につけるために、ちょっとお体の柔軟さをチェックしてみましょう。題して、「老化度テスト」です！

現代人の日常は、目や頭ばかり酷使して、下半身を使わない、デスクワークが多くなっています。イスに一日中坐《すわ》っていることは、腰には じつは大きな負担なのです。

また逆に営業で歩くことが多い人も、無理をして腰や足を痛めることがあります。どちらのタイプの方も、ぜひ老化度テストにチャレンジしてみてください。

両足をそろえて立ち、図のように頭を自然に前に落として、ゆっくり腰を曲げて、両手

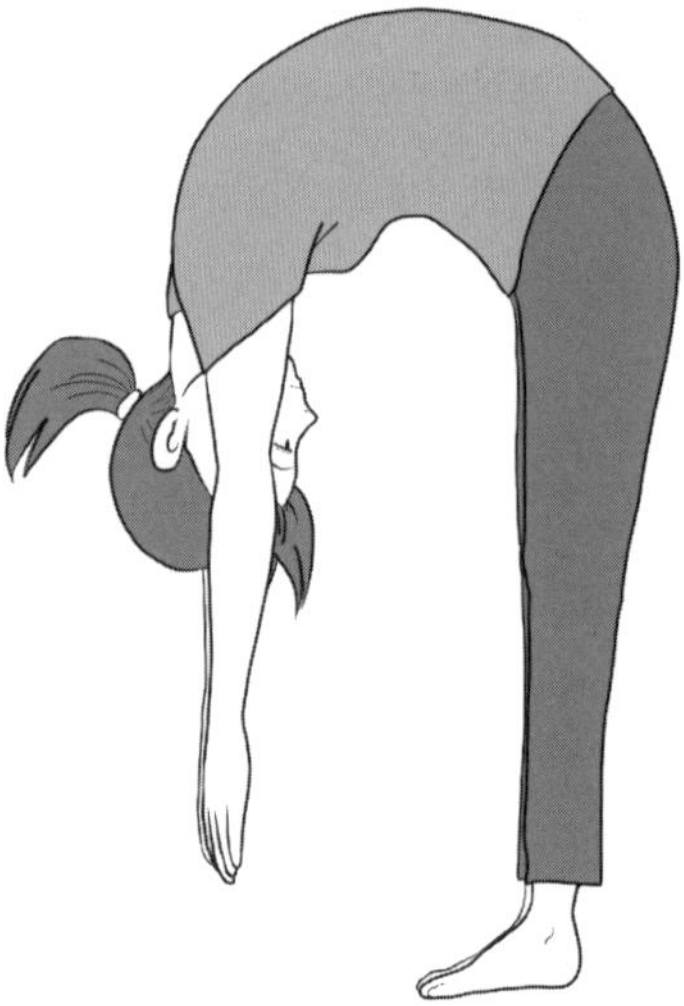

を床《ゆか》につけます。

老化していないときには両膝《りょうひざ》を伸ばしたままでも、両手は楽に床につきます。床につかないのは腰の筋が固くなっているからです。

腰の筋が固くなっていると、慢性的な腰痛の原因になってしまいます。

『注意』

●決して無理に反動をつけて行わないこと。

●また固くて手が床につかない場合も、無理をせずに行いましょう。

●まず現在の自分の状態を知ることが第一です。

導引術《どういんじゅつ》の効果

そしてじつは、この老化度テストは、反動をつけずにゆっくりと気持ちよく続けると、導引術《どういんじゅつ》の効果があります。

①腰を曲げて、手を下に落とすときに、自然に息を口から吐きます。

②戻すときに自然に鼻から気を入れます。

『注意』

●呼吸は無理に強く吸ったり吐いたりせずに、あくまでも自然に静かに行いましょう。

●日によって、固さは違ってよいのです。昨日は手が床についたのに、といって、無理をすることは禁物です。

気持ちよく、自然に呼吸をしながら行えば、自然に邪気が体外に出て、体内の気がきれいになり、整《ととの》って、結果として若返るのです。

朝晩3~6回、気持ちよく繰り返していただくと、だんだん腰が柔らかくなり、若返ってゆくことがわかるはずです。ぜひ実践してみましょう!

第三章

宇宙に満ちる気

◆◆◆

気とタオイズム

これまで、たびたび「気」という言葉を用いてきました。

タオイズムで大きな役割を果たしているのが、この「気」です。

タオイズムでは、人に「精」「気」「神《しん》」の三つがそろっていることを大切にします。

「精」は生命のエネルギー源のことです。また「神」というのは、言うなれば理性です。

あなたは、この「気」というものを、感じられたり、意識されたりしたことがあるでしょうか。気はとても身近な存在で、日常会話にもたくさん出てきます。

「元気だ」「気分がいい」「やる気がある」「気がのらない」「気が合う」「気に入《い》った」「気持ちがいい」「気色《きしょく》が悪い」「気色《けしき》ばむ」「気が荒い」「気が通じる」「気力が溢《あふ》れる」「気のいい人」「気のない返事」というように、私たちのまわりには、気という言葉を使って表現することがじつにたくさんあります。

「元気だ」というのは、調子がよくてパワーに溢れ、活力ある雰囲気のことを言います。「やる気がある」は何かに対して、前向きでポジティブな状態です。逆に「気が失《う》せた」というと、何かをやろうと思っていた自分の気持ちが後ろ向きになってしまったことです。また、思わぬミスをしたら、「気が緩《ゆる》んだ」とも言います。

「あの人は陽気だ」というのは、文字どおり、陽の気がみなぎっているということです。

このように気の作用は、感情や体など、すべてにつながっているのです。

「気くばり」「気合い」「気立て」「気前」「気まま」「気心」「気運」「気丈」「気がね」「気性《きしょう》」「気概」「気骨《きこつ》」「気味」「気象《きしょう》」「気質」「気がかり」「気のり」「気まぐれ」といった言葉もよく使われます。

私たちは、日常的に「とても運がいい」とか「どうも最近ついていないな」などという言い方をしますが、そこには、この気の働きが深く作用しているのです。

宇宙の隅々《すみずみ》にまで満ち満ちている気

古代中国では、気というものの存在を、実体のあるものとしてとらえました。そして、すべての存在や現象のもととなるものが気であると考えました。

つまり、宇宙や自然現象、そして人間の心や身体など、すべての活動や現象は気によってつくられ、動かされているものとみなしたのです。

あなたは、誕生のときに気が入り、亡くなるときには気が失せるということです。

そして、その気を人間の体内で自然な状態に保ち、そして動かすことによって、人間は健康に楽しく、日々を過ごすことができると考えました。

さらにまた、私たちの体のなかの気が、天地自然の気、宇宙の気と調和することによって、幸運をつかみ、人生をひらくことができるとしたのです。

この世に存在するすべてのもののうち、最も根源的なものは、その気と呼ばれるエネルギーです。気は、宇宙の隅々にまで満ち満ちています。森の木にも気があれば、花にも小鳥にも、道端にころがる小石にも気が満ちています。人間もこの宇宙の大自然の一要素にすぎず、人間の根源となっているものも、この気なのです。

◆◆◆ 気のパワー

人が生きていくためには、そして人生を切りひらくには、この気のパワーがなければ、どんな分野においても、けっして成功は望めないものなのです。

天地自然のなかで、宇宙の法則にしたがって、気は自然に流れています。人間もその一部で、全身を気が滞《とどこお》りなくめぐっていれば、健康でいられますし、考え方も自然であり、チャンスがあれば、「運気」もついてくるのです。

気というのは、けっして特別な人だけが感じる、特別なものではありません。人はみな気を持っています。動物や樹木や鉱物にも宿っていて、それは、すべてのものに満ちる根源の力のようなものです。

現代人は、目に見えて科学で立証できるものしか信じないという傾向が強いので、そのことはわかりにくいかもしれません。しかし、たとえば体調がよいときは、なんとなく体が温かい、そんな感覚を味わったことのある人は多いと思います。

「肩がこってつらい」とこぼしている人の肩関節を、呼吸とともによく動かして、「肩が温かいでしょう」と尋《たず》ねると、「たしかに温かくなりました」と答えます。それは気が流れるようになったからです。

体のどこにも熱い、冷たいという不快な状態がなく、ちょうど適当な体温に保たれ、血液が全身をさらさらと流れる。それが滞りなく、気が流れている状態なのです。

ところが、気の緩みや体の不調和などによって、体の気の流れに滞りができると、音もなく「風邪《ふうじゃ》」が入り込み、風邪《かぜ》をひいてしまいます。

また、体力を過信して働きすぎ、飲みすぎ、食べすぎ、遊びすぎを繰り返していると、体を痛め、気が不足して、老化したり、病気になったりしてしまうのです。

◆◆◆ 我執《がしゅう》とは何か

人はみな生来、この気というものを持っていて、そこには目に見えないエネルギーが宿っています。

ところが、我執《がしゅう》にとらわれると、必ず気が滞ります。

気は誰もが生まれながらに持っている、言わば根源的なパワーの源《みなもと》ですから、この気の流れに沿《そ》って、無為自然《むいしぜん》に生きていれば、その人にとって必要な幸運が自《おの》ずとついてくるものです。ところが日常生活のなかには、気を妨《さまた》げる我執が多いのです。

第一章で述べましたが、我執とはひとことで言うと、自分の我にとらわれて、生き方を狭く窮屈《きゅうくつ》にしてしまうことです。それは心の奥底に潜《ひそ》む執着心や見栄《みえ》、自己愛といったものです。たとえば恥ずかしいとか、自分をよく見せたいという思いです。言いかえれば、「自分を守らなければ」という強いプロテクトの気持ちを持っていることです。

そのために、気が滞ってしまうのです。これでは、運を引き寄せることもできません。我執とは、無為自然に楽しく生きることを妨げている、さまざまな不要な思い込みやこだわりでもあります。

このような我執にとらわれているために、私たちは人づきあいはもちろんのこと、日常生活全般に悩みが多く生じ、いつしか暗い道を歩いてしまうことになるのです。

すべての人に好かれようと思うことは不自然

残念ながら、今の人たちは、気が滞りやすい日常に暮らしています。

とくに日本人は、「こうあるべきだ」「こうでなければいけない」という意識が強いのです。女性でもバリバリ働いて、語学も達者じゃなければいけないとか、部下を持てばしっかり教育しなくちゃ、などとすべて完璧《かんぺき》にやろうとして、頑張《がんば》りすぎている人が多いのです。

すると、「こんなにやっているのに、どうして私だけ評価されないの？」とか「あの上司は何もわかってくれない」というように、怒りや不満が出て、気が滞ってしまう結果を招きます。

その原因は、「自分のほうが正しいんだ」という思い込み、つまり我執にとらわれているからなのです。「いや、私は劣等感のかたまりなんですよ」と言う人も、じつは優越感の裏返しである場合も多いのです。

自分に無理をしないこと

どんなに努力しても、相手の思いを完全に実現できる人などはいないのです。すべての人に好かれるというのも、考えてみればとても不自然なことではないでしょうか。人から嫌われたくない、誰とでもうまくやりたいと思って、自分の感情を抑えてふるまえばふるまうほど、気の流れは滞ります。

遠慮というのも、じつのところ、自分をよく見せたいという我執です。

自分に無理をするというのが、いちばんよくないことです。自分をつくろわず、そしてまた自分の考えは絶対だなどと思わないことです。遠慮なく、自然のままの自分で仕事をすれば、けっして相手に失礼ではなく、かつまた自分と相手の気がスムーズに流れて、人間関係も自然とうまくいくようになるものです。

自分を縛《しば》っているのは自分自身にほかなりません。物事がうまくいかないからといって人のせいにしたり、愚痴《ぐち》を言ったりしていると、気が弱まるばかりです。

「気が合わない」原因

よく「気が合う」とか「気が合わない」と言います。

たまにおつきあいをするだけならば、気が合わなくても大丈夫ですが、仕事上では、気が合わないとか、気に入らないとか、気に食わないとか言っていられません。

気が合わないのは、おたがいの我執がぶつかりあっているわけですから、我執を取ることで、相手の気に合わせることもできれば、放《ほ》かすこともできます。

洗心術《せんしんじゅつ》で心の気を整《ととの》え、導引術《どういんじゅつ》、道家動功術《どうこうじゅつ》を実践して体の気を整え、宇宙の気を取り込み、体内にめぐらせることによって、健康体になります。

そして、我執を放《ほ》かせば、どんな人でも、子どものように無邪気に大らかに生きることができ、運は自然と見えてきます。運気を呼び寄せる気の力を実感できるのです。

結局、幸せになるために必要なのは「よし、やろう！」という力強い気の流れです。

人生をひらくため、体の不調や心の滞り、不安、落ち込みなどの我執を落として、本来の自分を磨き上げ、もともと備わっている気の力を、ぜひコミュニケーション力として生かして、気力溢れるあなたになっていただきたいと思います。

◆◆◆ 気の流れをよくする

職場の上司とそりがあわず、心の暗い女性がいました。日本道観の女性会員のNさんです。ある日、上役《うわやく》の指示どおりにしたのに、お客様の前で「この子がこうやったから、ダメだった」と責任を押しつけられてしまい、人目があるため、そのときは必死で涙をこらえていたそうです。Nさんは、毎日がそのようなありさまでした。

ところが、何回か洗心術を受けるうちに、「あ、これがほんとうの私だ。自分はこんなものなのだ」と気がついたのです。

よけいなこだわりがなくなって、目の前のカーテンがストンと落ちたように感じ、それ以来、心がスッと楽になり、上司を素直に受け入れられるようになりました。そして、いつしか会話が自然になり、冗談まで言いあえる仲になったそうです。

Nさんのように、気の流れがよくなると、自分のまわりにめぐらせた壁がとれ、相手の立場でものを考えられるようになります。

もし、あなたがたとえば、自分の思ったことが言えなかったり、上司や目上の人の言葉を素直に聞くことができないとしたら、自分のなかに何かの壁をつくりあげていたからなのです。壁とはつまり、自分を苦しめている我執です。

こうして我執を放《ほ》かしていくと、たがいの気がスムーズに流れ、人間関係のトラブルが解消します。人とのご縁《えん》は、自分でつくるものなのです。

天來大先生の気のこもった字

天來大先生が中国に行かれたとき、中国の書の大家の前で書を書かれたことがあります。

そのとき大先生は、向こうで用意してくれた筆を使い、また紙も日本とは紙質が違いますから、最初書きにくかったそうですが、さらさらと、「精気神《せいきしん》」と書かれました。

その書を見て、中国の大家が、「これだけ筆法にとらわれない、気のこもった字は、生まれてはじめて見た」と感嘆しておられました。

大先生はよく、

「書家の書は面白くない。なぜなら、私は書家である、私の書はうまいだろうという意識が作品に見られるからだ」

とおっしゃっていました。

「それにくらべると、たとえば時代を経た良寛《りょうかん》さんの書などは、その時代にもほんとうに多くの人に愛され、今でもみんなの心を打つ。それは、筆法がどうこうではなく、心や人格があらわれているからだ」

ともよく言われていました。

◆◆◆天地自然の気をいただいて

今、世界はかつてない転換期を迎えています。

地球の環境汚染に端を発する異常気象や温暖化現象もその一つですが、一方では人の心と体は活力を失い、年々気候が暖かくなっているにもかかわらず、体の冷《ひ》えを訴える人が増えています。

いったい、なぜでしょうか。その原因となっているものはひとことで言えば、気です。人間は誰もが、宇宙の気、天地自然の気をたくさんいただいて生まれてきます。これを「先天の気」と言いますが、人はその気のおかげで成長し、生命を維持しています。

赤ちゃんがいくら泣いても声がかれないのは、この気のおかげなのです。しかし、「先天の気」は歳《とし》とともに減り続けますから、大人《おとな》が赤ちゃんのように大きな声を出し続けると、翌日声がかれて、満足に話ができなくなります。赤ちゃんにくらべて、それだけ先天の気が少なくなっているからです。

もちろん子どもも、一人ひとり、気の量に違いがあります。たとえば産婦人科のベビー室で、ある赤ちゃんが泣き出すと、全員がそれにつられて泣き出すことがありますが、最初に泣く子は、持って生まれた気が強いわけです。

この気は先天的なものですから、あとから変えることはできません。人は死ぬまでに天からいただいた気を少しずつ使い、減らしながら生きていくわけです。

それぞれの内臓にも気があります。ですから、心臓の気が先になくなると、ほかの元気な臓器までが死の道連れにされてしまいます。病気の末期に人が苦しむのは、道連れにされる臓器が悲鳴をあげているわけです。

道家の修行とは

では、なぜ道家は修行をするのでしょうか。それはまず、自分自身の心と体の健康を保つためですが、同時に「気量」の多い子を生むためでもあります。

なぜかというと、若いころから夫婦そろって修行をし、いちばん幸せな、そして夫婦の気が充実したときに受胎して生まれた子は、豊富な気に恵まれ、体だけでなく心まで健康な、素直な子に育つからです。

つまり道家の修行とは、単に自分の体調や病気のためだけではなく、家族全員の幸せのためでもあるのです。

道家はそのために、いったい何をするかというと、もともと持っている気の量を変えようと思ったところで、どうしようもありませんから、ないものねだりはしません。今ある「先天の気」を大事に使い、減らさないようにします。

したがって、たとえば毎日の食事から取り入れた「後天の気」をうまく利用できるように、まず消化器官の吸収率を高める行法《ぎょうほう》をするのです。

そのためには、食事を楽しくいただくことも大切ですし、季節の旬《しゅん》の食物、たとえばトマトなら夏、キュウリも夏、冬なら大根などを通して、季節の気をいただくようにするのも有効です。

すべての素《もと》は気である

発展する会社は、どこも社員が元気です。社長も社員も一丸となって、気がある会社は、売り上げも伸びるのです。お金も、そして人間も、気のあるところに集まってくるのです。

すべての素《もと》は気です。最近は気のパワーがずいぶんと科学的にも証明されるようになってきました。

トマトでも、「よしよし」と言って育てると、甘くておいしいものができ、あまり心をかけないと、育ちが悪いとか言われます。

「ロハス」という、環境にやさしい生き方が推奨《すいしょう》されていますが、自然にもどって自分らしく生き、あまり人工的なものを取り入れないで生活するというのは、完全にタオです。

花や動物がたいへんにお好きでいらっしゃる女優の司葉子《つかさようこ》さんと対談した折り、

「疲れて家に帰ってきても、まずお花のところに行ってしまうんです」

と、おっしゃっていました。

花というのはほんとうに気を癒《い》やしてくれます。私も花が大好きで、部屋に生けた花にはよく声をかけます。

花をいつくしんで、「ああ、きれいね。ありがとう」と言うと、ほんとうにきれいに咲くものです。

植物の持っている気も、人間の気も、すべて同じようにめぐり、流れているのです。

◆◆◆ あせらずに生きていく

気の流れと言えば、たとえば、仕事を今まで一生懸命にたゆまず続けてやってきた人の場合、ちょっとあいだがあくと不安になりがちです。しかし、その時間は「今は少し休みなさい」という天からの知らせと思えばよいのです。

そういうときにこそ自分の気を蓄えておくと、またいい芽が出ます。

そうして、あせらずに生きていくことこそが、我執を放《ほ》かすということです。

生身の人間はつい、「これをしなければ」「あれをやらなければ」などと考えがちです。しかし、何かを「しなければいけない」ということは何もないのです。やりたければやればいいし、やらなくてもいい。そう思うと、逆にできるものです。

道というのは、「こうあるべきだ」という思い込みや、規則や規範からは出てきません。道というと、ふつうは一本のはっきりとした道を想像されるでしょうが、道家では、道のことをよく船の航路にたとえます。

海原《うなばら》には道はありません。まったく道のない、その大海で舵《かじ》をとって船を進めていくと、船の後ろに道筋ができます。これが道です。それはまさに、無為自然の姿なのです。

聖徳太子《しょうとくたいし》も『老子《ろうし》』を読んでいた

老荘《ろうそう》関係のたくさんの本の記録がある

日本史の偉人として知られている聖徳太子《しょうとくたいし》（五七四～六二二年）は、飛鳥《あすか》時代の皇族で政治家ですね。そして推古《すいこ》天皇のときに、「十七条憲法」を制定した人として知られています。その聖徳太子も、じつはタオイズム、『老子《ろうし》』や『荘子《そうじ》』を学んでいたことがわかっています。

あの聖徳太子も読んでいた、そう思うと、なんだか『老子』『荘子』がさらに身近に感じられる気がします。

そして確実な記録としては、平安時代には藤原佐世《ふじわらのすけよ》によって編纂《へんさん》された『日本国見在書目録《にほんこくげんざいしょもくろく》』（八九一～八九七年成立）に老荘《ろうそう》関係の本がたくさん記録されています。

『維摩経義疏《ゆいまきょうぎしょ》』と「十七条憲法」にも老荘思想が

では、その例をご紹介しましょう。聖徳太子が書いたとされる『維摩経義疏《ゆいまきょうぎしょ》』（伝　推古天皇二十一年〈六一三年〉）という、仏教のお経『維摩経』に註釈をした本がありますが、そのなかに『老子道徳経』の引用があるのです。

聖徳太子《しょうとくたいし》も『老子《ろうし》』を読んでいた

「維摩経」の維摩とは、維摩居士《こじ》（お釈迦《しゃか》様の、在家《ざいけ》の弟子）という非常に悟りが深い人物で、お釈迦様の十大弟子もみな、その維摩居士にその修行不足である点を指摘されて、ぐうの音《ね》も出ないくらいやっつけられるのですが、そんな物語の中に引用されて出てくるのが老子なのです。

引用されている箇所は「弟子品《でしほん》第三」です。維摩居士が病気になって（じつは病気になったふりをして）お釈迦様の説法を聞きに行くことができないので、慈悲深い釈迦に対して、十大弟子が維摩居士を見舞って説法するように、よこしてくれることを願って、念を送るのです。

釈迦は、その気を察して十大弟子の舎利弗《しゃりほつ》、大目連《だいもくれん》、大迦葉《だいかしょう》に、順々に声をかけるのですが、みな以前、維摩居士に修行不足をやり込

められた経験があるため尻込みして、見舞いに行って説法をすることを断《ことわ》ったのです。

その断った一人、大迦葉にかかわる部分に、聖徳太子は『老子道徳経』第十二章の「五色令人目盲五音令人耳聾五味令人口爽」（五色《ごしき》は人の目をして盲《もう》せしめ、五音《ごおん》は人の耳をして聾《ろう》せしめ、五味《ごみ》は人の口をして爽《たがわ》しめ）の文章を、「老子云《いわく》」として、そのまま引用しているのです。

そして「和《わ》を以《もっ》て貴《とうと》しと為《な》す」の第一条で有名な「十七条憲法」にも、『老子』や『荘子』の思想が確実に色濃く入っていると考えられます。とくに是《ぜ》（よい）とか非《ひ》（よくない）などと言い争うことを戒めている第十章は、『荘子』の「斉物論篇《せいぶつろんへん》」に共通するものであり、また『老子』の「不争の徳」の考え方を示しています。

日本に伝わったタオの歴史はとても古く、歴史の大切な部分に織り込まれていたことがよくわかります。

第四章

導引術《どういんじゅつ》という超健康法

◆◆◆ 大宇宙の気を受けて

人間は、誰もが同じように宇宙の気で生かされています。ところが、ある人はその恩恵を十二分に受け、毎日、体のなかをめぐらせて、いろいろな運気をつかんだり、楽しく元気に生きているにもかかわらず、別のある人は持病を持っているため、外の気が入っても、そこで停滞して、少ししか入りません。

体のどこかに問題のある人は、気が全身をめぐりにくくなっています。たとえば肩こりがあったり、ぜんそくで肺に問題のある人などは、そこで気が滞《とどこお》っていますから、水道管に詰まっているところがあると、水がチョロチョロとしか流れないのと同じような症状になっているわけです。

そうした人の場合は、少しずつ小さく気を遣《つか》いながら生きてはいけますが、その気のパワーは、全身に気をめぐらせている人にくらべると、弱いものです。

古代中国においては、生命はすべて陰陽の気から生まれたとされていますが、野生動物を含めて、生老病死《しょうろうびょうし》で苦しんでいるのは人間だけなのです。なぜかというと、人間だけが自然の気に逆らって生きているからです。

「それならば、自然の気に合わせ、無理のない動きと生き方をすればいいのではないか」という考えで、天來大先生が工夫されたのが、「導引術《どういんじゅつ》」「道家動功術《どうこうじゅつ》」「洗心術《せんしんじゅつ》」です。

この章では、宇宙の気が全身にめぐり、柔軟な体をつくり、健康になる導引術について解説しましょう。

体に染《し》みついた悪いクセを取り除く

生活習慣や心の状態が影響して、人間は年齢を重ねるほど、体の使い方にさまざまなクセがつきます。日ごろの姿勢や歩き方のおかしなクセがついています。また、デスクワークの人ならば目を酷使します。肩や腰もこってきます。

運動やウォーキングなどをする人も、一時間以上続けていると、体のどこかに無理が出て、気の流れが滞ってきます。

そもそも人間は、二本足で立つことを覚えて以来、脳や手足は進化しましたが、内臓は四足《よつあし》時代のままなので、四本の足で動く動物にはない、体の不都合があちこちに現れてきたのです。

それは、人の体が、野生動物とは異なる不自然な動きをするようになったからです。肩や腕などは、同じ向きにしか動かさないので、こりやすくなり、腰にも負担がかかります。また引力に引かれて内臓は下がり、手足の関節もある一定の方向にしか使いません。

しかも、脳の働きが活発になったため、頭にばかり気が回り、足に気が行きません。

これらのことが病気の原因になっているわけです。そこで全身のさまざまな関節を、ふだん動かさない、いろいろな方向へゆっくり伸ばしていき、気のめぐりをよくしようというのが導引術です。それはある意味では、非常にシンプルで明快な発想なのです。

◆◆◆ 気の導引術

導引の歴史は非常に古く、五千年前の中国で生まれ、長い歴史のなかで育《はぐく》まれてきた気の健康術です。それは「道家修練の術」とも言われます。

古代中国で考案された、この健康法は、太極拳《たいきょくけん》や少林拳《しょうりんけん》など中国武術の前身でもあります。また八段錦《はちだんきん》や易筋経《えっきんぎょう》や、一九五〇年代になってからまとめられた気功のもとにもなりました。

導引という言葉の意味は、「大気を導いて、それを体内に引き入れること」です。『広辞苑』にも、導引について、「道家で行う一種の治療・養生法。関節・体肢を屈折・動作させたり、静座《せいざ》・摩擦・呼吸などを行ったりする。長生の法という」と記述されています。

古代は狩猟が生活の中心だったので、安全に、かつ効率よく狩りをするためには、まず猛獣の攻撃から身を守り、獣や鳥の動きに気を合わせる必要がありました。そのため、熊に対しては熊のような姿勢をとり、また虎には虎のような姿勢をとることによって、敵の攻勢をそらし、さらに進んで相手を倒す技を身につけるようになったのです。

古代の人たちは、そうした野生動物は病気にかからず、病気では死なない、という事実にも気がつきました。そこで、動物たちの動きをまねすれば、病気にかからず、天寿《てんじゅ》をまっとうできるのではないかと考えたのです。

また、二本足歩行をはじめた人間の動きの不自然さに気づきましたから、野生動物の動きを参考にして、体内の気の流れを自然にし、人間の健康にもどれほど役立つものであるかということを、長い年月を積み重ねながら研究してきたのです。そして生まれたのが導引です。

導引の最初は、狩りをするときの踊りだったという説もあります。

気のめぐりをよくする健康法

導引では、つねに呼吸法をあわせて行います。ふーっと呼吸しながら、ゆったりとした動きで行うのです。すると、ツボが無理なく刺激され、体が心地よくほぐれ、ぽかぽかと温かくなります。

このとき、全身にスッと気がめぐるのです。それによって、イライラしたり、悩んだりといった心の滞りまでが自然とほどけていき、その瞬間から気持ちが前向きになります。

導引は、歴史のなかで育まれてきた気の健康法です。

中国最古の医学書である『黄帝内経《こうていだいけい》』にも、「（紀元前二七〇〇年に）天下を統一し、度量衡や貨幣制度をつくった黄帝が、病気の治療に導引坐功《ざこう》を行った」という記述があります。

黄帝というのは、中国の伝承上の皇帝であり、老子とこの黄帝が道家の祖とされています。

そして、二人の思想のことを「黄老《こうろう》の思想」とか「黄老学」と言いならわしています。

また、老子《ろうし》とならぶ道家の思想家である荘子《そうし》の著書『荘子《そうじ》』外篇の「刻意篇《こくいへん》」には、「吐呼納新《とこのうしん》（呼吸によって古い気を吐き出し、新しい生気を体内に取り入れること）、熊経《ゆうけい》、鳥申《ちょうしん》（熊が木を登り、鳥が伸びをする格好）をする人は寿《じゅ》たるのみ。これを導引の士、形《けい》を養う人と言い、彭祖《ほうそ》のように長寿を願う者が好んで行う」と紹介されています。

馬王堆《まおうたい》の導引図が与えた驚き

このように、古来の中国の気の健康法の集大成となったのが導引ですが、そのことを実証したのが、一九七三年に中国の湖南省《こなんしょう》長沙《ちょうさ》で発掘された、「馬王堆《まおうたい》の漢墓《かんぼ》」第三号墓です。長沙に、昔から馬王堆（馬王の塚という意味です）と呼ばれてきた方円の小高い丘がありました。野戦病院の建設工事をしているとき、土砂崩《どしゃくず》れが起こり、そこに遺跡を発見したので、発掘を進めていったところ、じつはそれは紀元前二世紀の前漢時代の貴族の墓だったのです。

竪穴《たてあな》式の墓のなかから、副葬品として、多くの木簡《もっかん》（木片《もくへん》に文字が書かれたもの）とたくさんの帛図《はくず》（帛、つまり絹地に書かれた絵です。当時はまだ紙は発明されていませんでした）が出土しました。

その帛図に記された医書は「五十二病方《ごじゅうにびょうほう》」と命名されました。

これらの帛図のなかに、四十四の導引の型が描かれた「導引図」が見つかったのです。そこには四列で各十一人の姿が描かれています。

この帛図は、縦約五十三センチ、横幅約百十センチの大きさで、導引の図のそれぞれに標題がつけられ、病気治療のための説明がありました。当時すでに中国で健康体操のようなことが行われており、医学的な研究もたいへん進んでいたという事実は、世界中でセンセーショナルに報道されました。

これは、中国の紀元前二世紀の漢の時代には、すでに人々が健康に生きてゆくために、導引という気の健康法を行っていたことが証明された、画期的な発掘だったのです。

また、そうした医学的知識のある人のお墓に納められた医書のなかに導引図があったことからも、当時、導引が中国の人々にとって、医学的にもたいへん重要であったことがわかります。

さらに、馬王堆漢墓・第三号墓の帛書《はくしょ》のなかには、『老子』の写本二種や、病気にあわせた漢方薬や、陰陽《いんよう》五行《ごぎょう》の本や薬草の本まで入っていました。

この二種類の『老子』(甲と乙と命名されました)は重要な発見で、『帛書老子』と呼ばれています。

『帛書老子』は、上巻「道経」と、下巻「徳経」が現在の版とは逆になっていて、これが『老子』の古い構成であるとして、大きな注目を浴びたのです。

生きているかのような遺体

前年の一九七二年に発掘された、馬王堆漢墓・第一号墓には、絹に包まれて埋葬されていた貴婦人の遺体があり、「二千二百年前の漢代の貴婦人が発見された」として、世界中にセンセーションを巻き起こしました。

その遺体は、導引を行っていたためでしょうか、死後二千二百年ほどたっているにもかかわらず、肌には弾力があり、みずみずしい姿を保っていたため、それを見た人たちは驚愕《きょうがく》しました。まるで生きているとしか思えなかったのです。関節も自由に動かせるほどだったそうです。

このような生々しい遺体のことを湿死《しっし》と言います。その人体保存の技術は、はかり知れないほど高度なものだったと言えるでしょう。その後の調査によって、この貴婦人は長沙《ちょうさ》国《こく》の宰相《さいしょう》を務めた利蒼《りそう》の妻で、その名を辛追《しんつい》と言い、紀元前一八六年に、五十歳前後で死亡したということが判明しました。

利蒼の遺体は第二号墓に、そして息子の遺体は第三号墓にありました。馬王堆の馬王と推測されていた人物は、じつは王様ではなく、宰相の利蒼だったわけです。

導引は道家の修行法

現在の中国における研究でも、すでにその当時、導引には、
一、養生法《ようせい》
二、病気治療法
としての二つの役割があったと考えられています。

この養生法とは、人間が病気になる前に、体内に気をめぐらせて、病気をつくらない健康な状態にする方法と考えられます。

日本で言う養生《ようじょう》とは、「病《や》み上がりのお体ですから、どうぞしばらく養生してください」と言われるように、主として、病後に体を癒《い》やすことを意味しますが、それより、もっと積極的に人間の体を健康に保つ方法や、健康な生き方を、中国の人々は考えて実践してい

たのです。

また導引は、自分の体を導引によって動かして、病気を追い出し、自然の若々しい体を、病気にかからない体をつくることからはじまった、道家の修行法でもあります。

それは言いかえると、大気（自然の最大の原理である大気、つまり動いたり、湿ったり、冷《ひ》えたり、雨や雪を降らしたり、乾燥させたりする大気）という自然に、素直に順応する体をつくることです。導引は、呼吸法と体の動きを組み合わせることで、体内の気の流れを活発にして、健康的な体をつくり、そして、宇宙の気と一体になって、天地自然の流れに沿《そ》った生き方をしようという、無為自然《むいしぜん》の生き方を学ぶ方法でもあったのです。

名医華陀《かだ》による「五禽戯《ごきんぎ》」

後漢末には、華陀《かだ》という名医が「五禽戯《ごきんぎ》」、すなわち「五つの獣の戯《たわむ》れ」という動物の動きをまねた健康法を考案しました。五禽とは、虎、鹿、熊、猿、鳥の動物を指し、この行法《ぎょうほう》をすると、疲れや病気がたちどころに治ったので、体力のない人や病人などに、この健康法を毎日指導していました。

この健康法を実践していた華陀も、その弟子たちも、若さを保ち続けたと言います。「華陀は百歳近くなっても壮年のようであった。だから当時の人は仙人とよんだ」（石原保秀著、早島天來編『定本・東洋医学通史』日本道観出版局）とのことです。

『呉普本草《ごふほんぞう》』という、薬草についてのすぐれた研究書を著した、華陀の弟子の呉普の場合も、華陀に教えられた五禽戯などをたゆまず続けていたおかげで、九十歳を超えても目も耳も健康であり、歯も丈夫で、矍鑠《かくしゃく》としていたことが『後漢書《ごかんじょ》』に記されています。

華陀は、世界ではじめて麻酔薬を使った人物として医学史においても有名で、麻沸散《まふつさん》という特製の麻酔薬を用いて、腹部切開手術を行ったと言われます。その患者は一か月で完治したそうです。伝説的な外科医である華陀は、「神医」と称されていました。

漢方医学の原典『諸病源候論』

また、華陀は、『三国志』で有名な魏《ぎ》の武将・曹操《そうそう》の頭痛を治すように命じられたとき、鍼《はり》を頭に打とうとしたところ、曹操の怒りに触れ、殺されてしまったのですが、そのとき、百歳を超えていたと伝えられています。

華陀は日本でも有名な人物で、武者絵で名高い浮世絵師の一勇斎歌川国芳《いちゆうさいうたがわくによし》が「華陀骨刮《かだこっかつ》関羽箭療治図《かんうせんりょうちず》」(華陀、骨をけずり、関羽《かんう》の矢傷を療治《りょうじ》するの図)という作品を残しています。これは『三国志』の英雄である剛勇無双の関羽が、右腕に毒矢の矢傷を受けたため、その赤く腫《は》れた腕を縛《しば》り、華陀がメスで傷口を切開して治療している絵です。

隋《ずい》、唐《とう》の時代になると、導引は中国最高の医学として位置づけられました。隋代の六一〇年に、巣元方《そうげんほう》によって編纂《へんさん》された医学書『諸病源候論』五十巻には、三百種におよぶ病気の原因、症例に加えて、六百に近い導引による治療法が紹介されていました。

この『諸病源候論』は漢方医学の原典となった本で、後世の東洋医学の本に広く引用されています。

日本に渡った導引

このように、導引は、五千年前の中国に生まれ、歴史のなかで育まれてきた健康法です。導引は朝鮮半島を経て、日本に伝わったとされています。『日本書紀』には、応神《おうじん》天皇十六年に百済《くだら》から渡来し、のちに日本に帰化した王仁《わに》が、朝廷に献上したのが、『論語』と

『三体千字文《さんたいせんじもん》』であると記されていますが、そのとき同時に、『平法学』という、いわゆる平時の学と兵法と武術と健康法について書かれた書物も献上され、そのなかには導引のことが記されていたのです。

『論語』はご存じのように、孔子とその高弟たちの言行録です。また『千字文』は、すべて異なる千の漢字を用いて、「天地玄黄《げんおう》」「宇宙洪荒《こうこう》」ではじまる、四言の二百五十句の詩に周興嗣《しゅうこうし》がまとめたものです。『千字文』は、現在は書道の臨書《りんしょ》によく用いられていますが、そこには道教の教えが記されています。ただし、王仁と周興嗣とでは時代のへだたりがありますから、別の人物がつくった『千字文』とも考えられます。

この『平法学』が、清和源氏《せいわげんじ》の流派である河内《かわち》源氏の武将・新羅三郎《しんらさぶろう》源義光《みなもとのよしみつ》（源頼義《みなもとのよりよし》の三男で、八幡太郎《はちまんたろう》源義家《みなもとのよしいえ》の弟）から、瀬戸内の水軍で有名な村上源氏に伝わり、狭い船のなかで居住する兵士の克病《こくびょう》・健康法として奨励《しょうれい》され、日本道観の早島天來初代道長の先祖である高知の名族・大高坂《おおたかさ》家に伝承されていったのです。

大高坂家は、南北朝時代に、高知の大高坂城（のちの高知城）の城主の家柄で、また江戸時代の大高坂芝山《しざん》は、著書『南学伝』などで知られる土佐の朱子学者です。

『養生訓《ようじょうくん》』が推奨《すいしょう》する導引

江戸時代、導引は、日本人が書いた健康法についての名著とみなされている、本草《ほんぞう》学者・貝原益軒《かいばらえきけん》の『養生訓《ようじょうくん》』全八巻（一七一二年）のなかにも説明されています（本草学とは中国で発達した薬物学のこと）。『養生訓』はひらがなを主とした平易《へいい》な言葉で、健康になる生き方や具体的な方法を解説した本で、広く読まれました。たとえばツバを飲み込むことが健康によいと記述されています。

また、みずからそれらの健康法の実践をしていた貝原益軒は、当時としてはたいそう長生きをし、八十五歳で亡くなりました。この本には「導引の法を毎日行えば、気をめぐらし、食を消して、積聚《せきしゅう》を生ぜず」と記され、具体的な導引のやり方も解説されています。

つまり、導引を毎日（毎朝）行うならば、気が全身にめぐり、食べ物の消化もよく、腹痛などが起きることはない、ということです。

そして「朝、目がさめたら、床《とこ》のなかで両足を伸ばして、毒気《どくけ》を吐き出す。起きて座り、頭を仰いで、両手を組み、前方へ張り出して、上を向くとよい」といった方法を述べています。

◆◆◆ 俳人医師・上島《うえしま》鬼貫《おにつら》

江戸時代中期の元禄《げんろく》時代に、「東の芭蕉《ばしょう》、西の鬼貫《おにつら》」と謳《うた》われたのが、俳句の巨匠の一人、上島鬼貫《うえしまおにつら》です。

「にょっぽりと秋の空なる富士の山」
「庭前に白く咲いたるつばき哉《かな》」
「鶯《うぐいす》の鳴けば何やらなつかしう」
「春の日や庭に雀《すずめ》の砂あびて」

といった句に見られるように、その俳風は素朴で自然で、かざりけがないと言われています。

五人の俳聖の一人と謳われる鬼貫は、じつは医師であり、導引の名手でもありました。なお俳聖の残りの四人は、西山宗因《にしやまそういん》、松尾芭蕉《まつおばしょう》、与謝蕪村《よさぶそん》、小林一茶《こばやしいっさ》です。

門人の梅門《ばいもん》が編《あ》んだ追悼句集『月の月』のあとがきに「翁《おう》、導法《どうほう》（導引のこと）を善《よ》くす。人の篤疾《とくしつ》（病気のこと）を除くこと極めて妙《たえ》なり」と記されています。当時、導引は医術の一種でした。鬼貫は導引の名手であるすぐれた医師として尊敬され、また生活の安定を得ていました。三百石で武士として召しかかえられたのも、導引のおかげであったと推測されています。

◆◆◆松平定信《まつだいらさだのぶ》も導引の力を認めていた

このように、江戸時代中期のころまでは、導引が病気治しに活用されていたのですが、導引にヒントを得て生まれた按摩《あんま》を商売とする風潮が生まれ、導引は医師の手から離れてしまいました。

そうしているうちに、やがて導引は世の中からほとんど忘れ去られてしまったのです。江戸時代後期、白河楽翁《しらかわらくおう》と呼ばれた元老中の松平定信《まつだいらさだのぶ》が晩年に著した『老《おい》の教《おしえ》』には、導引について、「起きてすぐ両手を合わせてすり、熱くなったら目におしあてるという。いかにも目にとってはよいことのように思える」と書かれています。ちなみに、松平定信は「学問の人」というイメージが強いのですが、起倒《きとう》流柔術の修行を熱心に続けていて、家臣にも教えるほどの腕前であり、新たな技までつくりだしたそうです。柔道の父・嘉納《かのう》治五郎《じごろう》は柔道を創始する前に、この起倒流柔術を学んでいました。

◆◆◆ 長いあいだ忘れ去られていた導引医学

しかし、導引は、松平定信のような一部の人が健康法として知っているだけで、しかもそれは病気治しとは無縁のものとなり、江戸時代後期から現代にいたりました。

明治時代になると、東洋医学の重要性が顧《かえり》みられなくなり、導引は消え去ったといっても過言ではないほどになってしまったのです。

じつは、中国においても、清《しん》朝の成立以降、漢民族の文化が破壊されたと言われ、導引が社会の表舞台に立つことはなくなっていました。

その病気治しに卓効《たっこう》のある導引医学を、時代の風雪に耐えて、家伝として守り抜いてきた一族が、大高坂氏でした。

そして、初代道長である早島天來宗師大先生が、前述した中国最高の医学書『諸病源候論』をベースに、古代中国において皇帝や貴族階級の秘技のように伝承されてきた、不老不死にもつながる門外不出の道家の導引を、現代人に合わせて見直し、一般にもわかりやすく、学びやすいように体系化し、集大成したのです。

それが、日本で唯一、日本道観のみで指導している導引術、すなわち「気の導引術」なのです。

気の療法で近所の人々を救っていた養父

天來大先生は、大高坂家の嫡流《ちゃくりゅう》として生まれましたが、生後まもなく、子宝を授からなかった早島家の養子となり、早島正雄としての人生を歩みはじめました。実父の大高坂清広と養父の早島常雄の二人は親友でした。

養父は彫刻をし、仏具をつくったりするかたわら、自宅で近所の人たちに頼まれるまま、独特な方法で病気治しをしていました。その治療法というのは主に気の療法だったと言います。また、養父は柔術の達人でもありました。

このような環境で育った大先生は、幼いころから武術に秀《ひい》で、気の輝きに溢《あふ》れた頭のよい子どもだったといいます。

養父母が亡くなったとき、大先生は、気の療法で近所の人々を救っていた養父の志《こころざし》と精神を受け継ごうと決意しました。そして、武道修行を熱心に行っていました。

◆◆◆ あまりにも若い仙女や仙人たち

天來大先生は、著書のなかで、戦時下における若き日の導引との出会いについて、次のように述べられています。

「中国中部の戦線に回されると、私はその地の孔子廟《こうしびょう》や道教の寺院に引き寄せられ、毎日のように通いながら、道教の道士から導引を学んだ。道士が手とり足とり教えてくれるのではなく、道士の行法を見ながら盗むのである。そして子どもたちと遊び、文字を教え、人々と交歓した。

道家では修行の場を『道観《どうかん》』と言うが、私が最初に驚いたのは、修行場で会った女性がみんな若いことだった。

あとでわかったことだが、私には二十歳前後に見えた女性が、じつは全部五十歳以上の人ばかりだったのだ。

十年、二十年と修行に励《はげ》んだ女性なら、六十歳を過ぎても、二十代とほとんど区別がつかない。もちろん男性も同じで、三十歳そこそこに見えた人が、じつは七十歳だった。

導引によって体を自然の状態に保っているから、老化しないのである。

導引を修行している仙女（仙姑《せんこ》）や仙人たちが、あまりにも若いことにびっくりし、つくづくと導引の不思議さを感じたものである」（早島天來『心と体が甦るタオイズム』日本道観出版局）

道家思想をいだいた武道家として

日本に帰還した天來大先生は、道家思想をいだいた武道家として大きく歩みはじめました。合気術は武田惣角《たけだそうかく》氏（大東流《だいとうりゅう》合気柔術の中興の祖）および、その高弟・松田敏美氏から学び、また空手は名人である船越義珍《ふなこしぎちん》氏（松濤館《しょうとうかん》空手道の開祖、近代空手の父）のもとで、鍛錬《たんれん》を重ねました。

天來大先生の合気術は、服気法《ふっき》（呼吸法）と一体のものであって、大先生に指導を受けた人やいっしょに稽古した人は、気の流れがとてもよくなり、心身が元気になったと言います。

大先生は同時に、独自に導引術と仙術医学を徹底的に研究しました。

やがて、病気の人や健康に不安のある人たちが、大先生の指導を受けに次々と訪れるようになりました。

やってくる人のなかには、宗教団体の信者の方や幹部の方も少なくなかったそうです。そうした人たちの病気を治しながら、天來大先生は、「宗教が治せるのは心の病だけ。心と体をあわせて治すのがほんとうだ」という思いをいっそう強め、さらに導引術の実践と研鑽を積んだのです。

大高坂家の人々が相次いで亡くなると、ただ一人残った大高坂家の嫡流である天來大先生は、一九六〇年に、鎌倉の材木座の地に松武館を開設します。

かくして、中国五千年の健康法である「服気《ふっき》導引」を現代人向けにアレンジした、独自の導引術・道家動功術・服気法の体系が完成し、本格的な普及活動が開始されたのです。

このようにして、天來大先生が長い研究と修行の結果に、体系化して確立した導引術は、本場の中国や台湾でも驚きの目をもって迎えられ、一九六九年、道家龍門派《どうけりゅうもんは》伝的《でんてき》第十三代(正統継承者)の允可《いんか》を受けました。

「道家」というのは、中国に生まれた求道グループの総称ですから、外国人でその正統な流派を継承した例は、道家三千年の歴史に照らしても、初代道長がはじめてであり、それは画期的なことでした。

台湾で驚愕された導引術

そのいきさつについては、このように記されています。

「筆者は、道教の総本庁嗣漢天師府《しかんてんしふ》の道士である、陳栄盛《ちんえいせい》氏を台南に訪ねた。このとき、私は、陳氏からS氏を紹介された。S氏は、台南市の銀行の理事主席で、（中略）当時、満八十八歳という高齢だったが、現役として第一線で活躍していた。

陳氏から『日本から、どんな難病でも治せる偉い先生が来ているから、会ってはどうか』と勧められたS氏は、〝なんでも治せる〟という言葉の魅力にひかれて、すぐさま私に会いに来たのである。

さっそく、私はS氏の家を訪れ、（奥さんに）導引術を指導した。このときは毎日わずか一時間弱の指導だったのが、第一日目の夜、いつもとなりにあるトイレに行くのが間に合わずに失禁していたのが、ちゃんとトイレで用が足せるようになった。そして二日目、三日目と、奥さんの体は日ごとに回復を見せた。こうして五日間の指導で、一人で歩けるまでになったのである。

また、ぼけて垂《た》れ流しの状態になり、医者にも道士にも見放されている銀行の頭取を二日で治した。

これらの評判は、すぐに台南中に知れ渡り、私のホテルの部屋へ大勢の病人たちが押しかけてきた。

そこで私は、導引術の集団指導を行うことにした。肩こり、リュウマチ、ぜんそく、糖尿病、腎臓病、肝臓病、心臓病、中気など、さまざまな病人たちを集めて、いっせいに導引術を行わせたのである。

台湾では、導引の技はごくわずかしか伝わっていなかった。逆に祈り（まじない）では台湾で第一人者の龍門派第十二代の教主江家錦《こうかきん》先生が来訪され、筆者の導引術の技が、本場の道家の人々に道家の正統な技として認められることとなった。

そして導引術を伝える道家の代表的な流派の一つである龍門派の継承者として、第十三代伝的（宗家《そうけ》）を印可《いんか》されたのである」（早島天來『心と体が甦るタオイズム』日本道観出版局）

導引は、現在、「導引術」の名で定着しています。講談社から発行された「世界遺産」のムックにも「導引術」として紹介されました。

導引術の基本的な考え方

導引術とは、ひとことで言うならば、心と体を自然の状態に保つための気の健康法です。私たちは健康な心と体があってこそ、楽しく充実した人生を送ることができるのです。元来、人間の体は健康であるべきで、寿命が尽きたときに亡くなるものです。ところが現代は、生活習慣病やがんなどで多くの人が健康を損《そこ》ない、体にメスを入れ、あるいは薬漬けになって苦しんでいます。

自然を無視した現代社会の忙しい生活のなかで、本来人間の持っている自然治癒《ちゆ》力や生命力が弱められ、体内の気のめぐりが狂い、本能を滞りなく発揮することができなくなったことが、その大きな要因です。

導引術では、病気や老化が起こるのは、どこか自然にさからった生き方をし、体内に老廃物や悪い気（それを邪気《じゃき》と言います）が溜《た》まったことが原因であると考えています。邪気が溜まると疲労が蓄積されて、病気になったり、痛みや苦しみを生むようになります。また、健康や美容にも大きな影響を与えるようになります。

健康のひけつ

健康のひけつとは、一日の疲れを翌日まで持ち越さないことです。

天地自然の気を十分な呼吸によって体内に取り入れ、簡単な体の動作を行ってツボを刺激します。それによって邪気を体外に排出し、病気にならない若々しい体をつくり、健康を保つことを目指すのです。こうして、無為自然である内臓に立ちもどって、健康な動きができるようにするのが、導引術の基本的な考え方です。

やはり体の状態がよくなければ、なにごとにつけてもモチベーションがあがりません。冷えや肩こりがあるときとないとき、また女性ならば、生理痛があるときとないときでは、心身の動きがまったく違います。ですから、まず導引術を学んで、全身の気の流れをよくすることが大切なのです。とくに導引術の効果は、これまであまり運動をしていなかったような人は、すぐに感じるはずです。首、腰、肩など、体のあらゆる場所に溜まった疲れと滞りがとれて、スッと楽になり、朝の目覚めもよくなります。

人は無意識のうちに、体を受信機のようにして、物事に対処していますから、体を変えることで考え方も変わります。体調がよければ、それだけで気がめぐり、運をよくする生き方につながるのです。

◆◆◆導引術の効果

自己流のマッサージをやって、逆に肩こりが出てしまったというような体験を聞くことがありますが、導引術の場合はそういう無理がいっさいありません。全身の気の流れをふまえたうえでの関節やツボへの刺激とともに、呼吸法が組み合わされているので、内臓の働きにもよい影響があります。一見、シンプルな動きですが、内容はとても深いものです。

さらにまた導引術は、ツボ刺激と呼吸法を組み合わせて、気の流れを整《ととの》える健康法です。ツボを刺激しながら呼吸を行うことによって、血液の循環がよくなりますから、新鮮な気に満ちた血を送り込むことができます。

気と一体になった血のことを「気血《きけつ》」と言います。その新鮮な気血が体をめぐるようになると、若返りが可能となっていくのです。

ストレスを溜めている人は、体がカチカチに固くなっているので、導引術で関節をゆっくり動かし、気の滞りを取っていきます。

たとえば足の行《ぎょう》では、左右の足指を一本ずつていねいに、ゆっくりねじるようにもんだり、足裏の刺激などをするのですが、足裏には全身のツボがありますから、それをしていくと、健康体になれます。

そのときも、手指によぶんな力を入れすぎないようにして、気の滞りを取っていきます。すると、全身によい気がめぐり、頭痛や肩こり、冷え性なども取れます。

足もみをするとなぜいいかというと、心臓からいちばん遠い末端で、いろいろなツボが集まっているところなので、それを刺激してやると、血液を心臓にもどす気血がよくめぐり、体調が整い、健康でいられるからです。

◆◆◆体に溜まった邪気が抜けていく

体の調子が思わしくないと、どんな人でも気力は出てきません。幸せの分母は健康な体ですから、まずそこを整えて、気のパワーを味方にしてほしいのです。

導引術は呼吸を意識しながら、ゆっくり関節を動かしたりする、無理のない動きですから、老若男女、どなたがはじめても大丈夫です。はじめて体験された方でも異口同音《いくどうおん》に、「気持ちがよくなった」「体があったかくなった」とおっしゃいます。

また、「体が軽くなり、頭の回転が速く、動作に切れが出てきた」「自分の体がいかにこっていたのかに気がついた」という体験談もよく聞きます。

今まで動かしていなかった部分が気持ちよく伸びるので、「体が元気に、ピチピチ喜んでいる」という感想をいただくことが多いのです。また呼吸といっしょに「ふーっ」と動かすことで、体に溜まった邪気が抜けていきます。そして、フレッシュな空気を吸うことで、ふたたび体内によい気がめぐってきます。

日本道観の女性会員のIさんは、ぽっちゃり体型のうえに、思春期でさらに太り、悩んでいました。しかも、終日立ちっぱなしの販売職とあって、足のむくみと腰痛に苦しめられ、つらい毎日を送っていました。

ところが導引術の指導を受けてから、毎日、導引術を行うことが日課になると、一年で十キロもダイエットしました。また、それからは恋愛にも積極的になれて、やがてとんとん拍子《びょうし》に結婚の話もまとまったのです。

導引術を続けて気の滞りが取れると、胃の感覚が正常になります。すると、満腹になれば限界がわかるようになりますから、自然と食べすぎることがなくなるのです。

Iさんはこのように、当初の悩みが解消しただけでなく、周囲の物事がどんどんよい方向に向かい、幸せな結婚を手に入れることができたのです。

◆◆◆健康法を超えた健康法

気の導引術は、畳一枚分のスペースがあれば、いつでも、どこでも実践できますから、朝晩十分間ほど続けてみるとよいでしょう。全身の気の流れが整い、気持ちがリフレッシュし、心が軽くなります。旅先でもできますから、出張が多くて健康管理が難しい方などにも喜ばれています。気のめぐりがよくなり、朝から体の調子がいいと、自然と気持ちも前向きになり、心も軽くなるのです。ストレスや悩みもフッと楽になります。

夜の導引で一日の疲れをとれば熟睡できますし、目覚めもよくなります。また朝の導引で天の陽気を体に入れれば、爽《さわ》やかな元気が湧《わ》いてきます。

気の導引術は一度身につければ、各自の生活に合わせて、自宅で無理なく続けられるので、一生の宝になります。それはまさに健康法を超えた健康法なのです。

自分のペースで朝晩続けていくと、日ごろのストレスや疲れがスッととれます。体の調子が整うのはもちろん、とにかく、全身の気のめぐりがよくなり、気持ちが落ち込むということがなくなります。

したがって、日々の導引術で体を鍛えると、心の内側から輝く自分をつくることにもなります。まじめに続ければ、誰でも見る見る変化が現れてくるものです。そして自分らしい幸せと、驚くほどの幸運に恵まれるようになるのです。

導引術のなかでも「スワイソウ」というのは、立ったまま腕を振る単純な動作ですが、全身に効きます。スワイソウを行うと、邪気を払い、気の流れが整います。中国古来の道家の導引術の基本中の基本として受け継がれてきた、素晴らしい動きです。

気持ちのいい生き方を、身をもって覚えていく

失敗をしたり、目の前の悩みにとらわれると、なかなか気持ちを切り替えられないと、こぼす人が少なくありません。

自信をなくしている人は、体がカチカチに固く、また動きもぎこちなくなっているので、

導引術を通して、体がリラックスし、気のめぐりがよくなれば、必ず心のあり方が変わってきます。すると、どんなにきついことを言われても、その衝撃を上手に受け流すことができるのです。

実際に導引術を行うと、体のこりもとれますから、「あー、気持ちいいな」と感じます。その感情を幾度《いくど》も味わっていくなかで、「こんなふうに気持ちのいい生き方をしていけばいいんだ」ということを、身をもって覚えていきます。

ある意味では、地に足をつけて、体を動かしながら人生を学ぶことができるのです。そして気がついたら、毎日が元気で楽しく、そして、仕事や恋愛の悩みから自然と自由になっているのです。それが道家の無為自然の生き方、すなわち明るく楽しく、豊かに生きるという意味なのです。

◆◆◆くよくよ反省しすぎる必要はない

このように、無為自然というのは、「ありのままに生きていく」「無理してイヤなことはしない」という考え方なのですが、「イヤなことはしないでいい」と聞くと、「ああ、それじゃ手抜きになるのではないかしら」と思う人もいるかもしれません。しかし、そこまで自分をいじめたり、嫌ったりする必要はないのです。

たとえばダイエット中なのに、友人と会って、つい食べすぎてしまうようなこともあるでしょう。こんなときは、「会話も楽しかったし、食べ物もおいしかった」と感謝して、明日からまたダイエットを続ければよいのです。

そこでくよくよと反省しすぎると、その反省をいつも思い返し、かえってマイナスになることもあるのです。反省に気を取られてしまい、本来の自分が見えなくなり、どんどんストレスが溜まります。

まじめな人というのは、頭のなかだけで考えがちで、発想の切り替えが苦手なタイプなのです。ですから、そういう人の場合は、まず最初に体を変えていくのがよいのです。

緊張が取れて心に余裕が生まれますから、人になにかイヤなことを言われても、「柳に風」といった雰囲気で、ふわりと受け流すことができます。また、相手と自分とのあいだにある気の流れによどみがなくなるため、家庭、職場、恋愛においても、自然な楽しい会話や対応ができるようになるのです。つまり、気の流れがよければ、それだけでコミュニケーション力はどんどんアップしていくのです。

やはり心身は年齢を重ねるごとに固くなりがちです。日々の導引術で心も身もリラックスさせ、怪我《けが》をしにくい柔軟な体と、コミュニケーション力を身につけましょう。

◆◆◆気の健康法

「病というのは気の滞りである」というのが、道家の考え方です。

一般社会では、人は病気で死ぬのがあたりまえだと思われていますが、導引術の体系を確立された天來大先生は、「そうではない。人間は病気では死なない」と、異を唱えられました。

人間には本来、病気はありません。導引術をすることで気を整え、心と体が正常になれば、気の滞りがなくなりますから、病気にはならず、病気で死ぬことはないのです。

私たちは、基本的にはふだん、大らかにゆったり呼吸をしていれば、深く気が入りますし、あわててあせれば、深い気が入りません。また、浅い呼吸の人が体を整えることによって、深い気を入れることができるようになります。

その整え方として、導引術の行法があるわけです。

そのほかにも、服気法《ふっきほう》といって、たとえば肺に問題がある人の場合は、肺の邪気を出し、新鮮な気を入れ、腸なら腸の気を入れ替えるといった、臓器ごとの呼吸法があります。こうした気の健康法が、何千年という歴史のなかで開発され、今日まで伝承されてきたわけです。

健康な睡眠と導引術

睡眠には、肌や筋肉、骨といった人間の体を、元の状態にもどす働きがあります。

肌については、もう一度若々しい肌につくりかえていくというような動きを、眠っているあいだに行います。したがって、夜更《よふ》かしをすることによって睡眠をとらないと、肌がだんだんと疲労してボロボロになっていく原因にもなるのです。

孫子の兵法に、「朝方《あさがた》の気力は満ちて鋭く、昼は気分がたるみ、日暮《ひぐ》れには気力が尽き果てる」という有名な言葉があります。早起きをして毎朝、生命の源になる「天の気」「陽の気」をふんだんにいただき、さらに夜は早寝をすると「陰の気」の影響を受けにくいので、肌が活力を増し、美しくなるのは当然のことです。

そしてなによりも、夜、寝る前に導引術を行うことによって、一日の動きの偏《かたよ》りによってできた滞りを取ることができるのです。

また朝、起き抜けにまだボーッとしているときでもよいのですから、導引術を行って、睡眠中に同じ姿勢をとっていたことによってできた、気の滞りも取っていきましょう。

◆◆◆バラ色の素肌になる

この一日二回の導引術によって、肌という人間の細胞がどんどんリフレッシュされます。そして生まれ変わりますから、歳《とし》をとっても、いつまでもシミやシワのない、若々しい、つやのある、みずみずしい素肌でいられるようになるのです。

日本道観に入会した会員さんがよく言われることですが、なんとなく、いつも元気がなかった人がある日、気の輝く素肌をしているので、「あら、なにかいいことがあったの？」と、まわりの人に尋《たず》ねられるようになるのです。

「えっ、べつに特別に何かあったわけじゃないんだけど、最近は導引術をして体調がいいんです」と言いながら、そこで本人も気づかれるわけです。

そうなると、まるで新しい恋を見つけたような、あるいは、すごくいいことがあったような、さらなるバラ色の素肌になるのです。

肌のトラブルは危険信号

道家の観相学では、額は「上停《じょうてい》」と言って、初年運のほかに、目上の人や上司、知力、そして天をあらわします。

したがって、それがたとえアトピー性のものであっても、赤い吹き出物などがポチポチできるのは、上司との争いや怒りをあらわしたり、これから自分を引き上げてくれる人、あるいは自分より大きな気に対する摩擦を意味します。したがって、それは単に美容上の問題があるだけではなく、運気を高めるうえでも好ましくはないのです。

ですから、道家がアトピー性の皮膚炎を治すときは、ただかゆくてイライラするのを治すとか、健康な肌にもどすようなことだけを目的とするのではありません。アトピー性皮膚炎があることによって、その人の運命にも影響しかねない大きな問題になりうることを想定して、そのリスクを回避するということも、もう一つの目的なのです。

このため、あなたも毎朝、顔を洗って鏡で自分の顔を見たときには、赤い発疹《はっしん》が出ていたり、黒いクマが出ていたりしないか、気をつけて見ていただくとよいのです。

導引術で運命を切りひらく

そういうものが、もしあなたにあることに気づいたならば、まず、

「自分の心に怒りがないか？」

「日常生活が乱れていないか？」

ということを考えて、導引術を行います。


そして、イライラをとり、毎日楽しく、みんなとともに生きていくことを考えていくと、さまざまなシグナル、それはたとえば怒りの赤い発疹であったり、赤い炎の姿であったりするのですが、そういうものが徐々に消えていくのです。バラ色の気血《きけつ》色のある、なかから輝く素肌になることによって、あなたの人生は大きく変わっていくに違いありません。

道家の導引術というのは、けっしてただ健康になるためのものではなく、健康になることによって、運命を切りひらいていけるものなのです。そして素肌がきれいな、内側から自然と輝く状態になっているということは、もうすでにその人の心や体は、運命をひらける状態になっているということなのです。

導引術とは、環境が悪化していくなかであっても、あなたが健康で、そして何かのときにしっかり対応できる自分自身をつくりあげていくための、とても大事なキーポイントになるからです。

◆◆◆ 酒風呂《さけぶろ》健康法

お風呂が健康によいということは、日本人なら誰でも知っています。日本人が世界の長寿国の仲間入りを果たしたのは、お風呂好きであることと深い関係があるとも言われています。

「導引術」の秘伝の入浴法として、道家には「酒風呂《さけぶろ》」健康法があります。

それは湯船の中に五合《ごう》ほどの日本酒を入れて入浴する方法です。入浴時間は無理をせず、体が温まったと感じるまでで結構です。

酒の持っている気（エネルギー）によって、気血の流れが活発になり、体が芯《しん》から温まります。すると、体がぽかぽかして、寝つきがよくなり、また目覚めが爽やかで、朝からすっきりと楽しい気分になれます。

一九八四年に、早島天來大先生によって公開されて以来、肩こり、筋肉痛など関節の痛みがやわらいで、疲れがとれ、しかも美肌やダイエットにも効果があると反響を呼んできました。

また、人間関係や自分の生き方に悩みがあっても、そこからふと離れた、自由な発想が持てるようになります。これが、まさに気が流れた状態なのです。

◆◆◆「百薬《ひゃくやく》の長《ちょう》」による効果

日本酒は最近、海外で、おいしくてヘルシーな飲み物として人気を呼んでいます。

お米とおいしい水からつくられる日本酒は、昔から「百薬《ひゃくやく》の長《ちょう》」と言われるように、適量を飲めば体によい効果をもたらします。これは、日本酒には体の気や血の流れを活発にする効果があるためです。ただし、飲みすぎると、内臓に負担をかけてしまうこともあります。それを日本酒風呂に変えることで、酒の効果を体に負担なく取り入れることができるというわけです。

毎日の入浴の時間を利用して、日本酒を入れるだけで自然に体を甦《よみがえ》らせる、この「酒風呂」健康法によって、体調がよくなり、仕事への意欲が出たという声をたくさん聞いています。

この酒風呂健康法を、日々の導引術に加えてやっていくことによって、体の冷えも、短期間に解消することができます。

私は、提唱当時から日本酒風呂に入っていますが、その効果には、目を見はるものがありました。日本酒風呂では、入浴後の風呂の湯が黒ずんだドブ色になり、においもあると言います。体を洗ってから湯船に入っているので、表面のよごれが落ちているはずです。これは、毛穴の奥に溜まった老廃物や悪い気が出ている、ということです。

つまり日本酒風呂には、今で言うデトックス効果（体内から毒素や老廃物を排出させる作用）があるのです。

湯船から上がったあとは、全身がツルツルになっていて、冬でも湯冷《ゆざ》めしにくく、ぽかぽかです。冷えは万病のもとですから、これだけでも、かなりの健康効果があります。

宇都宮大学名誉教授の前田安彦先生が著した『体にじわりと効く薬食のすすめ』（講談社）には、日本酒についての項で、「酒風呂もよいとされています。効能を示す成分は特定されていませんが、麹酸《こうじさん》がその一つと見られています。酒風呂は女性の『シミ』の改善や美肌作りに効果があります」と記されています。

また、酒風呂は体のバランスをとるにもとてもよく、頭の芯がほぐれる気がしたという人もいますし、神経の疲れなども緩和《かんわ》するようです。

TAOコラム

酒風呂の入り方、ヒバ湯の入り方

酒風呂の入浴法

適度の温度になったお風呂に、入浴直前に日本酒（純米酒《じゅんまいしゅ》）を入れます。

量は、大きなお風呂なら一升《いっしょう》、また家庭風呂なら五合《ごごう》で十分です。もっと少なくても、入れればそれだけの効果があります（小学校以下の小さい子どもさんのいるご家庭はお酒を少なめにしましょう。大人の十分の一が適量と言われています）。

毛穴から邪気が出て、シミやくすみがとれ、冷《ひ》えも解消されて、元気なぴちぴちのお肌になります〈道家〈道〉

学院では、手軽に利用できるオリジナルの酒風呂入浴剤「崑崙《こんろん》の湯」をご紹介しています。お問い合わせください）。

薬草風呂

またアレルギーのある方や、非常に酒に弱い方、匂《にお》いだけでも酔ってしまうような方には、ヒバ湯をお勧めします。乾燥した大根の葉のお風呂です。

アトピー性皮膚炎や、リュウマチの方、心臓病、体が非常に弱い方などにも、とくにお勧めです。

乾燥した大根葉なら二つかみをさらしなどでつくった袋に入れて、大きめの鍋に水をたっぷり入れて、三十分から一時間くらい煎《せん》じます。そして、その煎じた汁ごと風呂に入れて、入りま

す。大根についた葉を切って陰《かげ》干《ぼ》しにして使用する場合は、大根三～四本分くらいを一回に使用します。

お年寄りから子どもさんまで暖まり、とても体に良い薬草風呂になります〈道家〈道〉学院では、ヒバ、ヨモギ、ドクダミなどの薬草が入った入浴剤「仙人の湯」もご紹介しております。あわせてお問い合わせください〉。

言葉と写真で知る
タオの世界

ありのままに生きる

泰山《たいざん》の神・東岳大帝《とうがくたいてい》の娘とされる碧霞元君《へきかげんくん》の神像（日本道観所蔵）。

本来の自分にもどる

道教の二十八宿《にじゅうはっしゅく》の星神像（日本道観所蔵）。

冬にこそ人生は輝く

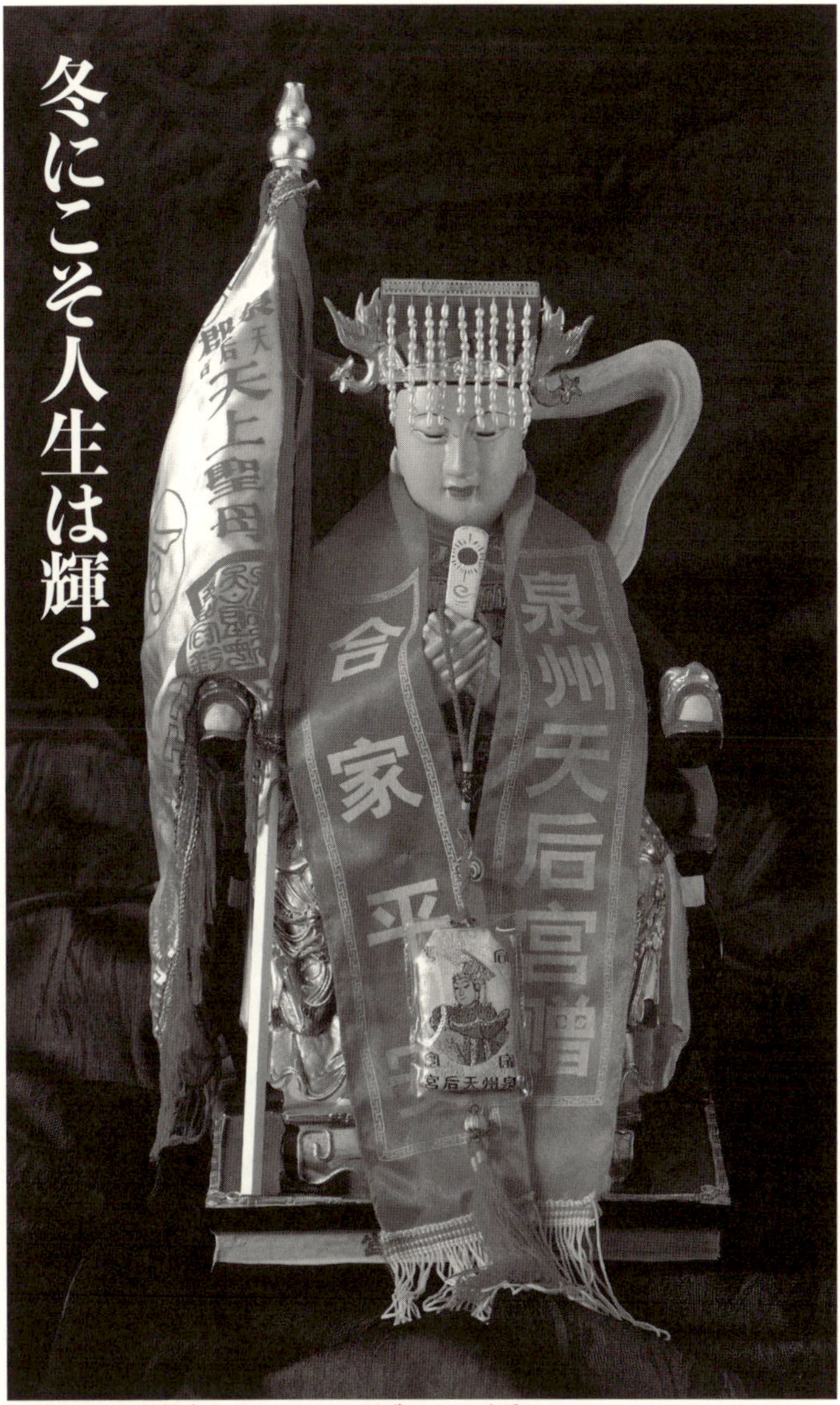

中国の泉州天后宮《せんしゅうてんこうきゅう》から日本道観に遷座《せんざ》された媽祖《まそ》の神像。

気は宇宙全体に満ちている

本部道場奥にある老子、早島天來宗師、媽祖《まそ》、さまざまな道教神を祀《まつ》る祭壇。

あるとき
私は
夢のなかで
蝶《ちょう》になって
いました

――『荘子《そうじ》』斉物論篇《せいぶつろんへん》

さまざまな道教神像
（日本道観所蔵）。

我《が》執《しゅう》から自由になる

太極と八卦《はっけ》を背負う瑞獣《ずいじゅう》、龍亀《りゅうき》の像（日本道観所蔵）。

無理に飾らない

道教神像（日本道観所蔵）。

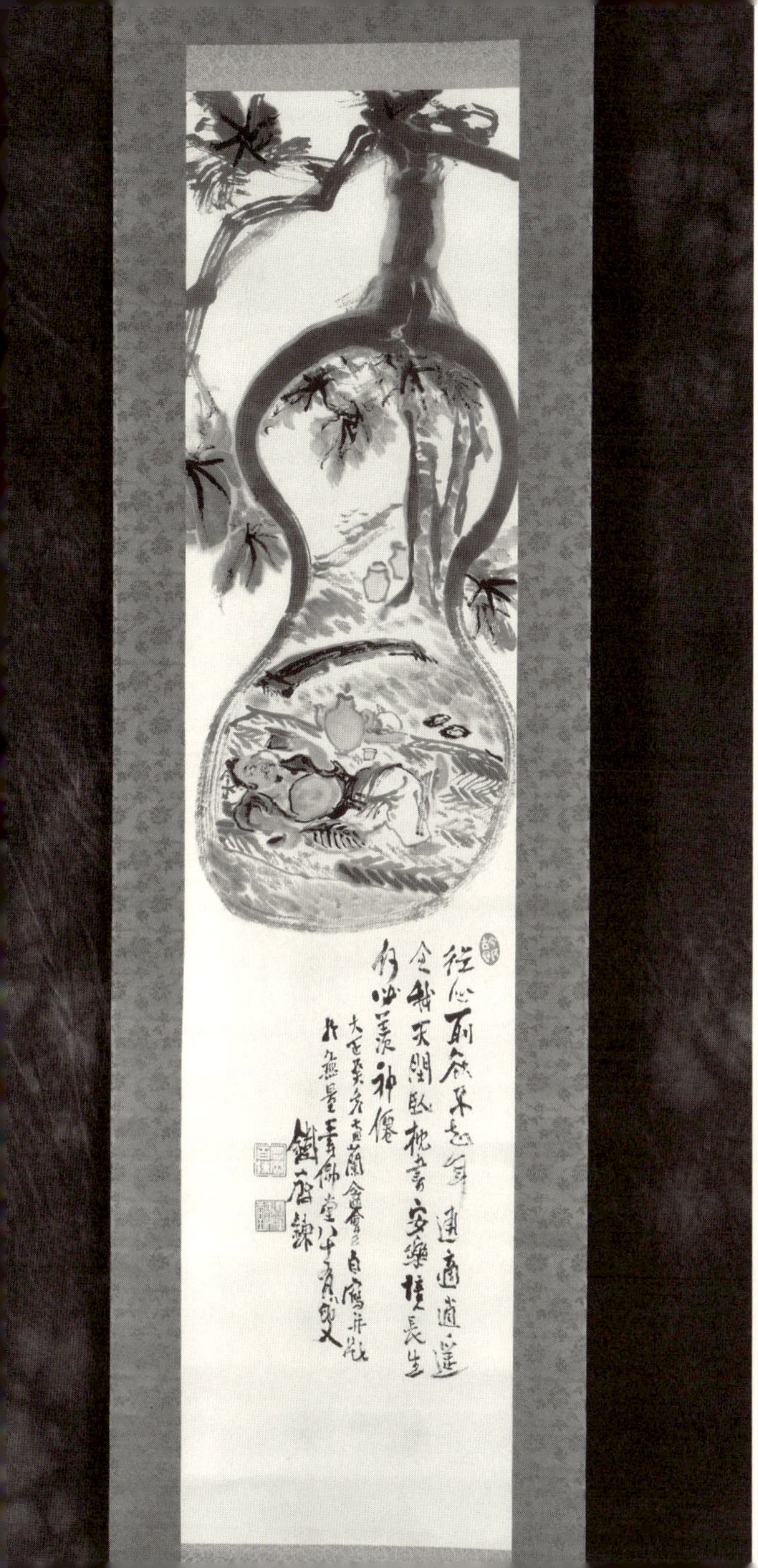

ほんとうの自由

瓢《ひょう》中《ちゅう》快《かい》適《てき》図《ず》(富岡鉄斎画／日本道観所蔵)。

動功術《どうこうじゅつ》「両小《りょうこ》葉《ば》返《がえ》し」の指導をする早島天來宗師。

道家は心と体を改造するものである

神《しん》気《き》合《ごう》一《いっ》する

導引術の指導をする早島天來宗師。

静坐法《せいざほう》を行《ぎょう》じる早島天來宗師。

運命は自分で変える心構えで生きる

修行着を身にまとい、日本道観総本部庭に立つ早島天来宗師。

無我執
無差別
『若さがよみがえる
導引術入門』
（ごま書房）
¥730

足《た》るを知る者は富む

無所有・無我執・無差別について説く早島天來宗師。1982年ごろ。

人と争うことなく、
道にしたがって、身をゆだねる

著者および早島妙聴道長による講義のもよう。

虎が歩くように ゆっくり歩く

1973年に中国の湖南省《こなん》長沙《ちょうさ》で発掘された紀元前の馬王堆漢《まおうたいかん》墓《ぼ》から、44種の導引《どういん》を描いた図が発見された（写真は復元図）。

伝説の名医・華陀《かだ》が考案した「五禽戯《ごきんぎ》」の図（『萬寿仙書《まんじゅせんしょ》』）。

五禽第一・虎形

五禽第二・熊形

五禽第五・鳥形

五禽第四・猿形

五禽第三・鹿形

自然な動きを身につける

導引術を指導する早島妙聴道長。

宇宙の気と一体となる

導引術を指導する早島妙聴道長。

動功術を指導する早島妙聴道長（写真上下とも）。

相手の気を感じる

動功術を行う著者と早島妙聴道長。

無理をしない人、自然に沿《そ》って楽しく生きる人は長く生きる

——早島天來

中国道教全真派の発祥地である山東《さんとう》省文登《ぶんとう》市（現・威海《いかい》市文登区）の聖経山《せいきょうざん》に建てられた、早島天來宗師の石碑「人間は病気では死なない」。

人に十回笑われれば、心が十回磨かれる

著者と早島妙聴道長。

森《しん》羅《ら》万《ばん》象《しょう》に気は流れている

日本道観総本部の不老不死之門。

第五章

健康武術・道家動《どう》功《こう》術《じゅつ》

◆◆◆健康を増進する武術・道家動功術《どうこうじゅつ》

日本道観の気のトレーニングの三つ目が「道家動功術《どうこうじゅつ》」です。これは二人一組で、決まった技をかけあう健康武術で、男性だけでなく女性にもとても人気があります。二人の人間がおたがいの気を感じながら手を取り、足を取って、技をかけることによって、それらを本来のよい形に整《ととの》えていきます。

「灸所《きゅうしょ》」に技をかけることによって、気のめぐりがよくなるのです。この灸所は鍼灸《しんきゅう》のツボのことですが、それはまた武道・武術の「急所」のことでもあります。

これまで武術と無縁だった方でも、すぐに、無理なくはじめられます。

人には多少なりとも、必ず左右のアンバランスがあるのですが、ツボに技をかけて動きのクセを改善し、気を整え、人との間合いの取り方が上手になります。そもそも道家動功術というのは、主人と客が相対し、優雅に舞《まい》を舞うように行うのが基本です。

たとえば一般のスポーツなどは、練習をはじめる前に準備運動といって、ストレッチをします。準備運動を十分に行わないと、よいプレーができないばかりか、体を痛めてしまいます。

ところが、道家動功術はとくにそういうことをする必要がありません。相手と向かいあって、「お願いします」と挨拶《あいさつ》をしたら、すぐにはじめられます。というのも、道家動功術そのものが非常に身体の仕組みをよく考えて、健康的な動きとして出来上がっているからです。相手が押してきたら自分は引き、相手が引っ張ってきたらついていくという動きですから、余分な力がどんどん抜けて、怪我《けが》をするようなことがありません。無駄な動きがなくなり、いつしかスキのない美しい身のこなしが備わってきます。なお、「功」とは訓練や鍛錬《たんれん》を意味する言葉で、道家動功術は、動きが大きい武術であり、また気のトレーニングでもありますので、「動功」と呼んでいます。呼吸法を行いながら、体や手足を動かすものです。これに対して、「導引術《どういんじゅつ》」は一人で静かに呼吸法とともに体を動かし、体と心を鍛錬していくので、「静功《せいこう》」です。

◆◆◆「力を抜く」ということ

よく武道の極意《ごくい》として、「力を抜く」とか「脱力する」ということが言われますが、これは全身の力を抜くという意味ではありません。

たとえば相手の胸元をつかむとしても、五指にギュッと力をこめて握ってしまうと、いざというときにサッと動けません。道家動功術では必ず軽くつかみます。そのときには、小指の働きが非常に大切なのです。

みなさんが、たとえば電車やバスに乗っていて、吊《つ》り革《かわ》をつかもうとする場合でも、ふつうは親指と人差し指に力を入れるでしょう。そうではなく、小指を意識してつかむようにすると、人差し指は軽く浮くような形になります。すると、無駄な力がふっと抜け、ただ密着しているという感覚になるのです。野球のバットを握るときでも、テニスのラケットを握るときでも、太鼓《たいこ》のバチを握るときでも、これと同じことが言えます。筆や鉛筆を持つ場合も、そのようにするとよいのです。

以前、私は鎌倉から神戸までよくドライブをしたのですが、小指を意識して車のハンドルを握ると、肩の力が抜けますから、六百キロもの長距離であってもなんとかなるのです。なにごともギュッと握ると、じつは弱いものです。軽く密着して持つことによって、どんな状況にも対応でき、また自分自身にも強くなれます。

道家動功術では、そういう、すべてのことに当てはまる極意を、稽古のなかで自然と身につけることもできるのです。

◆◆◆道家動功術が確立されるまで

大東流合気術《だいとうりゅうあいきじゅつ》と中国の動功術、その他さまざまな武術の修行錬磨と指導のなかから、武道であり心身の健康法でもある道家動功術を確立したのが、日本道観初代道長・早島天來大先生です。

大先生は、次のように解説されています。

「合気と導引は、前述したように、中国の王仁《わに》によって伝来されたが、そのままの形ではすぐには普及しなかった。この武術は中国では掌形術《しょうけいじゅつ》と言われていたもので、それが大東流合気柔術という武術として型を整えられてはじめて普及した。

その型をつくったのは新羅三郎《しんらさぶろう》源《みなもとの》義光《よしみつ》と言われる。義光は八幡太郎《はちまんたろう》源《みなもとの》義家《よしいえ》の弟で、清和《せいわ》源氏の流派である河内源氏《かわちげんじ》の出身である。

そこから、源氏のなかでも代々、清和《せいわ》源氏と村上源氏の二系統だけに伝わったが、面白いことに清和源氏には合気術しか伝わらなかった。ところが村上源氏は水軍の師であり、船中での生活の必要上、合気術とともに導引も伝わったのである。王仁が伝えたものに、菅原道真《すがわらのみちざね》が和註《わちゅう》を加え、こうして源氏の手に渡ったのである。

この伝わり方にどんな意味があるかと言えば、合気術だけでは単なる殺法《さっぽう》だけに終わるということである。だからそれだけでは、武術の一つというだけに過ぎない。

しかし合気術の真骨頂は、導引というものと組み合わせることによって、武術であり健康法であり医術ともなるという点にある。合気術と導引術は二つにして一つ、一つにして二つという関係でもある。

大切なことは、両者が完全に関係しあって、はじめて健康法＝不老長寿の法＝医術の大系となれるということである。

そしてこの壮大な体系を家伝として代々語り伝えてきたのが、村上源氏の流れをくむ土佐の大高坂《おおたかさ》一族であった。私はその子孫にあたる」（早島天來『心と体が甦るタオイズム』日本道観出版局）

ちなみに、源義光は武術にすぐれ、弓術や馬術の達人として名高い人物です。

また笙《しょう》の名人でもあり、後三年《ごさんねん》の役《えき》で兄・義家を救援するため陸奥《むつ》に下るとき、相模《さがみ》の国の足柄山《あしがらやま》で笙の秘曲を、師・豊原時忠《とよはらのときただ》の甥《おい》である時秋《ときあき》に授けて訣別《けつべつ》した逸話《いつわ》が伝えられています。

◆◆◆道家動功術は生き方の修行となる

道家動功術の初心者は、まず三手を教わります。
三手というと少ないように思う方もいるかもしれませんが、この三手でも、座りの姿勢からはじめる形の座り技と、立ちの姿勢からはじめる形の立ち技の二種類があり、左右を同じように行いますから、ふだん使わない部分を稽古《けいこ》できます。全身のバランスが整い、能力開発にもなります。

道場には老若男女、さまざまな年齢の人が集まり、おたがいに組み合って稽古をしています。初心の方が緊張していても、みなさんいい方ばかりですので、「さあ、やりましょう」と声をかけあい、和気藹々《わきあいあい》の雰囲気が生まれています。

また自分よりずっと年上の人、ときには子どもと組むこともありますから、稽古を通して相手のことがよくわかります。

それはまさに社会生活そのものですから、稽古を続けているうちに、自然な人間関係が結べるようになり、生き方の修行にもつながるのです。

親子で道家動功術を

親子で動功術を実践されている方もたくさんいます。

小学生の子どもとお母さんがいっしょに組んで稽古する「親子稽古」があります。最初は、お母さんがその日に習う技を子どもにかけ、同じものを今度は子どもがやります。早島妙聴副道長（現道長）が細かく見て回って指導していますが、「もっと気合いを入れて、思いきりエーイと言いなさい！」などと教えます。

ふだんからそういう稽古をしていると、親子のあいだで何かあったときも、「お母さん、僕はこう思う」と、子どもはハッキリ言葉に出すことができるようになるのです。また、知らない大人《おとな》のあいだに入っても物怖《ものお》じせず、次第にいろいろな人と稽古できるようになります。

わが子のそういう姿を見ると、お母さんもうれしいのでしょう。ほんとうにニコニコしています。またいっしょに導引術をやると、家に帰っても「今日の稽古はこうだったね」などと、親子で共通の話題があるので、会話が自然とはずむのです。

技をかけあうことによって相手の気を感じ、人との間合いの取り方を学びながら、健康で自然な動きを身につけていきます。実際、「私は人づきあいが苦手《にがて》なんです」とこぼしている人が道家動功術をはじめると、やがて、コミュニケーションのとり方が上達します。

道家動功術は護身術ともなる

道家動功術は、ツボに技をかけることで、気の流れをよくする術であり、合気道の元祖とも言えます。

合気道は、会津藩《あいづはん》の御留流《おとめりゅう》（藩内だけで教えられてきた秘密の武術）として大切に伝えられてきた大東流合気柔術を、中興の祖、武田惣角氏から学んだ植芝盛平《うえしばもりへい》氏が創始したもので、今では世界で一六〇万人の人たちが学んでいます。

道家動功術は、二人一組になって、一手、二手、三手と順番にやっていきますから、はじめての方も無理なくはじめられます。

いっしょに組んだ先輩が技を伝えてくれますから、それをまねしてやってみてください。かけられた技をふっと受けます。次は自分が技をかけてみます。このように、たがいにやっていくなかで、日ごろ固まっていた気持ちが解けていきます。

対人恐怖がある方には、すごくよいエクササイズですし、「えいっ」と大きな声を出してやりますから、それだけでも内側に力が湧《わ》いてきます。また武術の一種なので、護身術ともなりますから、女性は自分の身を守るためにも覚えておくと安心です。

また、この道家動功術は、健康的に体を使う動きになっているので、稽古を続けていると、気を感じて動けるようになり、不慮《ふりょ》の事故から身を守ることもできます。

日ごろから、自然な気を身につけていると、「なんだかイヤな気がする」と感じて、いつも通っている道を変えたところ、その道で発生した大きな事故に巻き込まれず、九死に一生を得たといった体験も、いろいろと生まれています。

つねに道家動功術、導引術、洗心術《せんしんじゅつ》を行って気を整えておけば、まさかのときに、フッと気が知らせて、災《わざわ》いから身をよけることができるのです。

大声を出していると自信がつく

道場では、大きな声を出しながら稽古をするので、ふだんささやくような小さな声しか出ない女性であっても、稽古を続けているうちに、はきはきした会話ができるようになります。

大声を出すということも、気の流れを助けるものです。よく元気で自信のある人は声が大きいと言いますが、じつのところは、これとまったく逆で、大きな声を出しているからこそ、力が湧いてきて、いつのまにか自信がつくのです。

道家動功術は、そのための、よい練習の機会となります。「えいっ、と投げるのが快感です」という声が多くて、男性ばかりでなく女性も楽しく稽古しています。

また稽古を続けているうちに、相手の気を読むことができるようになりますから、人との間合いのとり方が自然と上手になって、コミュニケーションの力もつきますし、なによりストレス解消となります。

「まずはやってみなさい。やればわかる！」と私はよく言うのですが、頭であれこれ考えすぎず、ただ自分のなかにある気を整えて充実させると、自然と人づきあいも楽しくなります。

道家動功術をまずはやってみると、体のこりも取れますから、「ああ、気持ちがいいな」という喜びを感じます。これを幾度《いくど》も幾度も心に感じさせていくと、「もっと気持ちのいい生き方をすればよいのだ」ということが、体のなかから実感できるのです。

したがって、道家動功術によって、自然な動き、そして自分らしく楽しく生きるための動きを身につけることができるのです。

うじうじ、くよくよするのではなく、今日をよりよく過ごしたいと思うようになり、そして自然と前向きに、明るく楽しく豊かに生きられるようになるのです。

◆◆◆ 体の不要なクセをとる

人は誰でも、体に日常の動きのクセを持っています。そうした不要なクセというのは必ず気を損《そこ》ないますから、道家動功術はこれらを取り去り、気の流れに沿《そ》った自然な動きを身につける方法として、とても効果的なのです。

たとえば人づきあいが苦手で、くよくよしがちな人は、背筋が曲がり、うつむいていることが多いものです。また、思いが体に通じにくい場合、「失敗した！　すぐに謝らなくては」と内心で感じても体が動かず、謝罪の機を逸《いっ》してしまいます。これでは、人とのコミュニケーションが円滑には進まず、運気ものがしてしまいます。

また、歩き方にもクセがあります。したがって、歩く姿を見るだけでも、その人の運の強さがわかるのです。雀《すずめ》が跳《は》ねるようにヒョイヒョイと歩くような歩き方を「雀行《じゃっこう》」といいますが、そうした歩き方をする人というのは、決断力に欠け、せっかくの才能を発揮するチャンスをのがすタイプです。

また、虎が歩くように、体はどっしりと足は軽やかで、姿勢は前にも後ろにも反《そ》り返らずゆっくり歩く、そうした歩き方をする人もいます。これが気のめぐりのよい、見た目にも美しい歩き方です。これを「虎行《ここう》」と言います。私たちは、このような歩き方を身につけて、運をひらいていきたいものです。

対立しない生き方

タオイズムにもとづく日本道観の教えの根本の一つは、「自然と対立しない自分」をつくるということです。自然と対立しないものだけが、我執をなくすことができ、いつでも自然とともに楽しむことができるのです。

道家動功術では、一見、相手と対立しそうな構えをとります。しかし、相手と向かいあったときに、相手に勝とうとか、相手を投げてやろうという、対立の気持ちはまったくありません。それは、「自分に強くなる」修行であって、断じて「他人に強くなる」ための修行ではないのです。

たとえば相手が突いてきたら、それをはずします。また、相手が足を出したら、こちらは足を引きます。あなたはけっして、手や足を出して争う必要はないのです。はたからはどんなに対立に見えるような場にあっても、けっしてそれを対立とはしないのです。「柔《じゅう》よく剛《ごう》を制す」と言います。『老子《ろうし》』第三十六章には「柔弱《じゅうじゃく》は剛強《ごうきょう》に勝つ」、また第七十八章には「柔の剛に勝つ」という言葉が見られます。

それはたしかにタオイズムの真理であり、武道の極意でもありますが、道家動功術はさらに、そうした勝ち負けの世界を乗り越えたものです。相手と稽古することで、相手と対立しない、自然に調和した生き方が身につくのです。

それは、勝者もいなければ敗者もいない、また強者も弱者もいない、究極の武道の姿であり、そしてまた無為自然《むいしぜん》のあり方でもあるのです。

◆◆◆ 闘わずして勝つ

「徳」によって、戦わずして勝つことを描き出した寓話《ぐうわ》があります。『荘子《そうじ》』外篇の「達生篇《たっせいへん》」に載っている、有名な「木鶏《もっけい》」の話です。

紀渻子《きせいし》は闘鶏《とうけい》の名人です。ある日、闘鶏好きの王様から一羽の鶏《とり》を渡され、それを訓練するように命じられました。

十日くらいたって、王が紀渻子のもとを訪れました。

「鶏の様子はどうだ。そろそろ、闘鶏に使えるようになったかな」

紀渻子は答えました。

「まだまだダメでございます。今は殺気《さっき》だっていて、ひたすら敵を求めて闘いに勝とうとしています」

ふたたび十日がたち、やってきた王の尋《たず》ねに対して、紀渻子はこう答えました。

「いいえ、まだダメでございます。ほかの鶏の鳴き声を耳にしたり、その気配《けはい》を感じたりすると、すぐさま闘いを挑もうとしています」

さらに十日がたちました。また王が尋ねたところ、

「いいえ、まだでございます。ほかの鶏の姿を見かけたら、険しい目で睨《にら》みつけ、いきりたっています」

さらに十日後、王の尋ねに対し、紀渻子は答えました。

「そろそろ、よいでしょう。ほかの鶏が脇で鳴いていても、挑《と》びかかろうとしても、なんら動ずる気配がありません。はたから見ると、その姿は木でつくった鶏のようです。徳に満ちた不動のありさまです。

もうこれならば、いかなる鶏でも敵《かな》うわけがありません。その姿を見れば畏怖《いふ》し、逃げ去ってしまうことでしょう」

強さを誇るような人は、ほんとうに強いわけではありません。徳に満ちた人ならば、けっして強さを外にあらわさないものです。そして、敵が勝てないだけではなく、敵が自然といいなくなります。その不動にして無敵の人のことをまわりが畏怖、畏敬《いけい》するようになるのです。その真理を寓話は物語っています。

『荘子』の、この寓話から生まれたのが、「木鶏」という言葉です。

大相撲で、前人未踏の六十九連勝という大記録を三年にわたって打ち立てていた横綱・双葉山《ふたばやま》が、当時はまだ平幕だった安藝《あき》ノ海《うみ》に敗れて、とうとう連勝の記録が止まった折り、知人に対して、「イマダ　モッケイタリエズ　フタバ」（未だ木鶏たり得ず　双葉）という電報を打ったことは、語り草となっています。

腹脳《ふくのう》で考える

人間ができている人のこと、あるいは大人物のことを、よく「あの人は腹ができている」とか「腹が据《す》わっている」、あるいは「腹が大きい」「太《ふと》っ腹《ぱら》だ」などと言います。例を挙げれば、西郷隆盛《さいごうたかもり》や坂本龍馬《さかもとりょうま》のような人物でしょうか。

この「無私」の行動で知られる両人に対しては、敵の立場にあった人たちもが信服するようになりました。

頭脳で考えることには、どうしても雑念や恣意《しい》私欲が入りがちです。それに対して、腹の奥の臍《せい》下《か》丹田《たんでん》にある「第二の脳」と言われる「腹脳《ふくのう》」は、ある意味で人間が失ってしまった野生動物の本能にも近いと言われますが、より直感的であり、本能的な判断力にすぐれていますから、道を誤ることもないわけです。

そのことを道家では、「腹脳で考え、判断する」と言います。

「腹の据わった」大人物たちや道家の人たちは、我執《がしゅう》がないため、腹脳で考え、行動することができるわけです。

すると、頭脳と腹脳とはまったくの別物であると、あなたは思うかもしれませんが、じつは元は一つなのです。

前述したように、道家では「性命双修《せいめいそうしゅう》」と言いますが、心の問題も結局、体がベースになっています。それが「体が悟る」ということなのです。

私たちはともすると、脳で物を考えていると思いがちですが、道家的に言うと、人間は「細胞で考える」と解釈します。つまり体全体で考えるのです。内臓にも意識があるということです。

◆◆◆ 三つの行法《ぎょうほう》で腹脳を開発する

現代の医学では、脳が全部判断し、たとえば手の動きなども全部脳のある部分がつかさどっていると言われていますが、道家的には、指先なり、そこの細胞から指令が行くことで脳が考えるのです。

道家の座行《ざぎょう》（静坐法《せいざほう》）をしますと、脳や体全体に気がめぐりますから、物事の重要な判断とか、感知、実践、実行といったことなどが腹脳で判断されるようになります。

そうなると、人は無為自然となるのです。

すなわち、あなたが修行を積んでいくと、迷いがなくなり、ほんとうに宇宙の気の流れに沿うことができ、その運気に乗ることができるようになります。そうしたありさまを「神気合一《しんきごういつ》」と言います。

ところが、心や体が固い人は、この境地に達することはありません。それは我執や病気があるからです。体の気を消耗しすぎて、気が不足したり、停滞したりすると、腹脳が思うように開発されないのです。

ですから道家では、最初から「静坐をしなさい」とか「腹脳を開発しなさい」などとは言わずに、まず「体の病を治し、心の悩みを取りましょう」と教え、導引術と洗心術を行います。

その後に、「動きの間違いがあったら、せっかくよくなった気がまた減ってしまうから、それを整えましょう」と、道家動功術を行うようにするのです。

この三つの行法によって、人間として生きていくためのいろいろな邪魔者《じゃまもの》をなくし、はじめて腹脳が開発されるのです。

腰が決まっていく

導引術と動功術を続けていると、ゴルフでも、テニスでも、踊りでも、生け花でも、なんでも上達が早いと言います。

よく「その道の達人と言われる人は、みな、腰が決まっている」と言いますが、導引術も動功術も、一生懸命稽古すると、腰が決まってきます。

それはまた、中心をとらえるということです。

天來大先生が道家動功術をされている写真や、色紙《しきし》に揮毫《きごう》をされている写真を見ると、そこに気品と落ち着きと深いパワーが感じられるのは、そのためでしょう。

腰が決まると、たとえば生け花でも花がまっすぐ立ちますし、生けたいところに花が行きます。

逆に脊椎《せきつい》が曲がっていると、一生懸命生けても、花が曲がってうまく生けられません。

TAOコラム

対人関係が苦手な人に効果的な行法《ぎょうほう》

肩の力を抜いて、気の流れをよくする

「人前に出ると、あがる」「どうも苦手な人とは話ができない」「人とのコミュニケーションがうまくない」など、ツイッター、フェイスブック、LINE（ライン）などのSNSや、さまざまなコミュニケーション手段が発達すればするほど、実際に人と向き合うと、思うように話せないとか、緊張するとか、自分らしくできない、そんな悩みが増えているようです。

対面で話をしたりすることに、以前より慣れていない人が増えているのでしょう。そして、そんな人ほどまじめで、少し融通《ゆうずう》がきかない傾向にあるようです。つまり、固いのですね。動功術《どうこうじゅつ》の稽古《けいこ》でもそうですが、そうした人にとって大事なことは、肩の力を抜くことなのです。肩の力を抜いて、リラックスできれば、思ったことを話せますし、また自然な対応ができるようになるのです。

そのための、肩の力を抜いて、気の流れをよくし、リラックスできる行法《ぎょうほう》をお教えしましょう。

それはとっても簡単な、肩落としの行法です。

肩落としの行法

①あぐらをかいて坐《すわ》り、軽く目を閉じます。

②鼻から息を吸いながら、首をすっぽりとうめるようなつもりで両肩を上げます。

③息が苦しくなる少し手前で肩の力を抜いて、上げた両肩を一気にすとんと落とします。

以上の一連の動作を九回繰り返します。

こんな簡単な行法で、肩の力を抜いて、リラックスできるのだろうか、と思うかもしれませんが、その効果は素晴らしく、一か月も続けるうちにこだわりがなくなり、気楽に人に合わせて話せるようになります。ぜひ試してみてください！

第六章

ありのままに生きる

矛盾《むじゅん》している自分の姿

「はじめに」で申し上げましたが、老子が言うように、真理とは実際に活用されてこそ、はじめて価値が生じるものです。

私は長年、さまざまな人から、人生の生き方について、そして現在抱《かか》えている問題にいかに対処すべきか、相談を受けてまいりましたので、この章では、タオの思想をかみくだいて、実際に真理を人生にどのように生かしていくとよいのか、「ありのままに生きる」というのはどういうことなのか、それらのことを具体的に、わかりやすく説明してまいりたいと思います。

私たちは男女の別なく、成長するにしたがって、周囲の人たちの言葉や目を意識するようになります。

「お父さんやお母さんは、自分がどうしたら喜んでくれるだろう」
「学校の先生にほめてもらうにはどうすればいいのかな」
「どうしたら上司や友人に好かれるのだろうか」

等々、年齢によって意識する内容や対象は変わってきますが、人は自分をよく見せるため、いつのまにか、自分自身を飾ることを覚えます。

そのほかにも、「人に笑われたくない」とか「優秀な人間だと評価されたい」など、能力以上に自分を高く見せるために見栄《みえ》を張り、背伸びをして、ことさらに相手に迎合する結果、自分自身の本来の特徴やよいものを、いつのまにか歪《ゆが》めてしまいます。

仮に、もう一人の自分がそばにいて、冷静にその言動を見ることができたら、そんな矛《む》盾《じゅん》に気がつくはずです。

それも一時期の現象であるならば、さほど問題になりませんが、自分の生涯を賭けて、一生懸命にまわりの人に迎合して生きてきたのに、いざ死ぬときになって、「私はいったい何のために生きてきたのだろう」と思いをめぐらすとしたら、とても虚《むな》しいことです。

◆◆◆自分の欠点を生かす

天來大先生はつねづね、「人は欠点の裏返しが長所で、長所の裏返しが欠点だ」とおっしゃっていました。

「欠点は見方を変えれば、その人の個性なのだから、欠点を改めると、その人の特徴も失ってしまう。だが、その人らしさのない人間なんて、味もなければ素《そ》っ気《け》もないではないか。だから、欠点を改めようとする努力なんてやめ、欠点を生かすことを考えなさい」

とつねづね言われたものです。

ですから道家は、欠点を直すことより、まず「どうしたら欠点を生かすことができるか」を考えます。

欠点というと、私たちは人に嫌われ、イヤがられるものとして、社会生活を営《いとな》むうえでもマイナス評価をしがちですが、別の角度から見てみると、欠点がその人の魅力というか、長所になっている場合があります。

たとえば、すごくおしゃべりの人がいます。どこへ行っても、つねに話題の中心に、その人がいます。そうした人は、まわりの人たちにとっては、ある意味ではうるさくてたまらず、「もう少し口を慎《つつし》んだらいいのに」と思われるかもしれません。しかし、饒舌《じょうぜつ》の人は得《え》てして話術が巧みなので、はじめての人ともコミュニケーションをとるのがうまく、まるで旧来の友人のように楽しくおしゃべりをします。

こうなると、欠点どころか、むしろたいへんな才能であり、特技といってもよいと思います。

あるいは「自分は鈍《どん》くさい」と思っている人がいます。そんなタイプの人は行動が遅く、何をするにもゆっくりしていて、仕事場でも頼りにならない人のように見られがちですが、携帯電話やメールなどに見られるように、秒単位で物事が進み、人々の心がすさみがちな今日にあっては、そのようにのんびり、ゆったりしている人に会うと、砂漠でオアシスにめぐりあった旅人のように心が安らぎ、まわりの人たちもほっとするものです。

その瞬間に、「鈍くさい人」は「ゆったりとした、大らかな人」にたちまち変身するのです。

無理をする人と、素直な人

今は効率とかスピードが求められる時代ですが、前項で述べたような、もともとゆったりした人や、何をしても動きが遅く、てきぱきと行動するのが苦手《にがて》な人も少なくありません。そんなタイプの人たちが、無理やり機敏に動こうとしたり、人より早く仕事をしようとしたりすると、ままならぬ自分にイライラし、心臓の負担が増してしまいます。

それだけではありません。たとえば、そんなときに、他人から非難めいたことを言われると、「私だって、こんなに頑張《がんば》っているのに」と癇癪玉《かんしゃくだま》が破裂して、人間関係を損《そこ》なうことにもなりかねないのです。

その後に待っているのは、マイナスのスパイラルです。

ところが最初から、「私はもともとのんびり屋さんだから」と、自分の性格を受け入れる人は、別の発想がひらけます。

たとえば、機敏な人と組んで仕事をするのも、一つの方法です。「遅いね」と言われたら、ひとまず、「ああ、ごめんなさい」と、素直に相手の言葉を受け止め、自分なりに努力していることを相手に示すことで、人間関係のトラブルを避けることができるでしょう。

また、最初から時間に追われるような仕事をできるだけ避け、早さより正確さ、確実性を重視する職場を選択するのも、賢明な生き方です。

適材適所という言葉がありますが、世の中には必ず自分に向いた仕事があるものです。それを見つけるには、まず自分の性格を知ることが、その第一歩なのです。

結婚についても同じです。ゆったりとした性格の人同士が結婚すると、生まれてくる子もやはりゆったりしています。また、夫がせっかちな性格であったり、神経の疲れる職場で働いたりしている場合は、のんびり妻との相性がよいようです。道家ではこうした、足りないところをたがいに補いあう、バランスのとれた姿を「陰陽調和」と言います。

助けあうことで人間関係が深まっていく

このように、物事には必ず表と裏があって、欠点にも意味があるのです。せっかちは欠点であっても、裏から見れば、すみやかに動けて、行動力があるということになります。また、それとは逆に、黙々と、下を向いて手仕事ばかりしていた人が陶芸家《とうげいか》として成功した例もあります。誰しもが違った特性を持っているのですから、それを素直に生かしあえばよいのです。ぜひ、第一章で述べた、無用とされるものにこそ大用があるという、『荘子《そうじ》』の「無用の用」の寓話《ぐうわ》を思い起こしてください。

私自身は、道家とご縁《えん》のできた方々にどうやったら幸せになっていただけるか、ということしか考えていませんから、自分のできることは精いっぱいやります。しかし、苦手な分野はそれを得手《えて》としている人に、遠慮なく頼んだり聞いたりしています。全部自分で抱え込んだら、苦しいことになります。

最近はビジネスや語学などを、熱心に勉強している女性も多いと思います。しかし、どれだけ勉強して、そしてたくさんの資格を取ったとしても、すべてのことに精通するのは不可能ですし、「いつまでも若くないんだから、これくらいはできなくちゃ恥ずかしい」などと思い込むことが我執《がしゅう》になってしまいます。

欠点は直さなくていい

自分を高めたいという意識を持っている人の場合は、逆に自分の欠点が見えすぎて、落ち込んでしまうことがあります。ところが、そうした欠点というものは、じつは直さなくてよいのです。これまでの説明でおわかりになったかもしれませんが、無理に自分をコントロールして欠点を矯正《きょうせい》しようとするからこそ、苦しくなるのです。他人と比較して、「自分にはこんなダメなところがある」と思うために、落ち込むのです。ですから、自分の欠点を見つめようとするのではなく、また、人と比較して、そのことにとらわれるのではなく、それよりも、自分が得意なところや長所や持ち味を自覚してほしいのです。

また、仕事がつまらない、職場環境がよくないなどと、どんなに愚痴《ぐち》を言い、不平や不満をならべたてたところで、意味のないことです。これまでやめずに仕事を続けてきているというのは、つまるところ、必ずその仕事のどこかに好きと思える点があり、自分の得意分野があるということです。

たとえば、こんな実例がありました。

ある若い人が両親の経営する会社を継ごうとしたものの、どうしても現場の仕事になじめませんでした。親の希望もあって、自分でも努力したのですが、営業などはまったく不向きのため、営業活動ができない自分にひどく落ち込んでいたのです。

しかし、その人は元来几帳面《きちょうめん》な性格であって、数字を扱うのは嫌いではなかったので、経理の勉強をし、そちらの部門に入ってみました。すると能力が生かされ、本人も幸せで、苦手な営業は得意な人に任せて、会社もよくなったのです。

このように、自分の得意分野は生かし、苦手分野はそれを得意とする人にカバーしてもらった結果、自分だけでなく、会社も輝いたのです。

欠点に秘められた長所を磨く

ここで一つ誤解のないよう、明確にしておかなければならないことがあります。

それは「ありのままに生きる」というのは、自分の欠点をいっさい修正せず、その上にあぐらをかいて、「これでいいんだ」と言っているわけではないということです。むしろ逆です。原石のなかに秘められた宝石のように、欠点のなかに秘められている長所を自覚し、ほかの人が持っていない特長に磨き上げる努力こそが大切なのです。

ところが多くの人は、自分の欠点と思われるところを生かすどころか、なんとかしてほかの人と同じような、またはその時代や社会、テレビなどで脚光《きゃっこう》を浴びている企業や人物に焦点を合わせようと考えます。

そのよい例が、就活中の学生の人たちです。大学生の多くは、ともすると自分の適性よりも時代の花形《はながた》産業に目が移りがちです。しかし、ビッグスリー（GM、フォード、クライスラーのこと）と呼ばれ、世界で君臨してきたアメリカの自動車産業のように、栄枯盛《えいこせい》衰《すい》は世の常で、どんな大企業であっても、栄耀栄華《えいようえいが》が明日も続くとは限りません。

日本でも、大学に入学したときにはいちばんの花形企業が、四年後に卒業するときには、もはや花形ではない、といった実例を私たちはいくつも見てきました。

それよりもはるかに長い人生のことを考えたら、自分の長所と欠点をよく考えて、やりたい仕事、やりがいのある企業で、自分の長所と欠点を徹底的に磨き上げるほうが、あなたにとって生きがいのある、好ましい道がひらけるに違いありません。

それには、私たちが社会に合わせて生きていくのではなく、社会の流れに沿《そ》って、自分自身を生かして生きていくことが肝心《かんじん》なのです。

我執を放《ほ》かしてパワー全開

そのためにいちばん大切なのは、我執を放《ほ》かすことです。たとえば、どんなにコミュニケーション力のある話し上手な人であっても、自分の思いだけ、自分の考えだけでしゃべり続けていたら、やはり多くの人に「うるさい」と思われますし、「あの人は自分勝手で、いつも自分の言いたいことだけを言う」と、身勝手《みがって》を非難されることでしょう。

我執はひとことで言うと、「自分をよく見せたい」と思う見栄や執着心が高じたもので、言わば道家がもっとも嫌う、他人との差別化です。

日本道観では、

「無我執」
「無所有」
「無差別」

の三つを旨《むね》としています。そして、ありのままに生きることを大切にしています。

『荘子』雑篇の「則陽篇《そくようへん》」には「道をもって之《これ》を見れば、物に貴賤《きせん》なし」とあります。

人間は動物や植物や鉱物と区別したり、人間同士でたがいに貴と賤とか、美《び》と醜《しゅう》とか、大と小というふうに、区別や差別をしています。そして見下《みくだ》したり自慢したり、あるいは卑下《ひげ》をしていますが、道にのっとれば、そんな差別などは本来ないのだということです。

そういうものいっさいを横において、自分自身をどのように生かしていくか、まわりの人とどのように楽しく生きていくかを考えることによって、あなたが持っている独特の持ち味、あるいは長所と裏腹の欠点の持つ特徴を活用し、あなたのパワーを、社会や家庭のなかで生かしていくことができると思います。そのために、我執を放《ほ》かすのです。

『荘子』の寓話「朝三暮四《ちょうさんぼし》」が意味するもの

差別のあさはかさ、そして、とらわれることの愚《おろ》かしさを語っている寓話があります。

それは、『荘子』内篇の「斉物論篇《せいぶつろんへん》」に載っている有名な「朝三暮四《ちょうさんぼし》」の寓話です（この話は『列子《れっし》』の「黄帝篇《こうていへん》」にも載っています）。

宋《そう》の国に住む狙公《そこう》（猿の主人という意味）は、じつにたくさんの猿を飼っていました。家族の食べ物を減らして猿に餌《えさ》を食わせるほどでした。狙公と猿たちはたがいに心が通いあっていました。狙公は猿をかわいがり、欲しがるものを与えていたのですが、とうとう財産を使い果たし、貧乏になってしまいました。ことここにいたっては、猿たちの餌の量を減らすしかありません。

しかし、猿の機嫌《きげん》を損《そこ》ねたくはないので、ある朝、猿たちの前で、狙公はこう切り出しました。

「これから話すのは食事のことだ。今後、お前たちにやるドングリ（トチの実）を、朝には三つ、暮（夜）に四つにしようと思うのだが、どうだろうか？」

それを聞いた猿たちは、

「少なすぎるぞ。なぜ三つぽっちなんだ！」

と、立ち上がって怒りをあらわにしました。

それじゃ腹が空《す》いてたまらないという猿の心が、狙公には理解できました。狙公は内心ほくそえみながら、こう言い直したのです。

「わかった。では、お腹《なか》が空いているお前たちのために、朝には四つ、暮（夜）に三つということにしよう。それならばいいだろうな？」

　猿たちはいっせいに歓声をあげ、大きくうなずきました。自分たちの気持ちを尊重し、朝食の量を増してくれた狙公に、猿たちは心の底から感謝をするのでした。

『荘子』におけるこの寓話は、「今、お腹が減っている」とか「たくさん食べたい」といったことで頭がいっぱいになっている猿たちの、あさはかな差別にとらわれている姿を描き出しています。

　また、目の前のある考えにこだわり、それに執着をしてしまうと、物事を一面的に見てしまうため、正しく全体をとらえることができず、結果をきちんと判断できないということを示しています。

　ただし、この「朝三暮四」の言葉は、現在では、「目先のわずかな差異に気を奪われ、結果が同一となることに気づかないこと」というよりも、「巧《たく》みな言葉を用いたり策略を弄《ろう》して相手を騙《だま》すこと」といった意味で使われることが多いようです。

◆◆◆「人とうまく話せない」という悩み

思い込みやとらわれ、そして物事を一つの側面から見てしまうことについて説いた、この寓話に見られるように、話し方、聞き方はなかなか難しいものです。誤解をされたり、あるいは真意が伝えられなかったということで悩んだ経験が、あなたにもあるのではないでしょうか。実際に、「人とうまく話せない」という悩みを持っている方が少なくありません。

また、最近は面と向かって話すのではなく、携帯電話やメールでのやりとりが増えてきましたが、先日会ったビジネスマンは、

「メールでいつもずけずけ言ってくる人がいて、なんて横柄《おうへい》な奴だろうと思っていたら、実際に会ったところ、物腰柔らかな、ていねいで親切な人なので、びっくりしました。そういう人がけっこういるのですよ」

ということを言っていました。メールのコミュニケーションも、ともすると誤解を生みやすいようです。

世の中のことはたいてい人間関係で成り立っていますから、コミュニケーションの最大

の手段である「聞き方・話し方」は大切です。ただし、「人に好かれたい」「誰とでもうまくやりたい」という思いが過ぎると、かえってうまくいかない場合が多いものです。

必要以上に「いい人」を演じたり、自分をよく見せようと頑張ると、それは本来の自分ではなくなってしまいます。周囲の人たちはそういう不自然さをすぐに感じ取りますから、逆に警戒されてしまうのです。また人と会って話したあと、どっと疲れてしまう、そんな方の場合は要注意です。無理して話をしていたり、その場をつくろってしゃべろうとしたりするから、疲労してしまうのです。

昔から「話し上手は聞き上手」と言いますが、会話は聞き方から入るとよいのです。自分のことを話すのが好きな人は多いのですから、まずは相手の話を「なるほど、なるほど」と聞くことです。すると、その人の考え方や性格がわかってきますから、自然と話し出したいことが浮かんできます。そこで、「私はこう思うのですが、あなたはどうですか？」と素直に説明し、尋《たず》ねればよいのです。

自分は口下手《くちべた》だと思い込んでいる人の場合は、無理にしゃべらなくてもかまいません。ただにっこり笑って座っているだけで十分です。極端に言うと、目と目を合わせてアイ・コンタクトをし、微笑《ほほえ》みあうだけで、コミュニケーションはとれているのです。

物事をまじめに考えすぎてしまう方や、まわりの人に気を遣《つか》いすぎるタイプの方は、それくらいの簡単な気持ちで会話をしたほうがうまくいきます。

ありのままの自分を出す

気を遣うと言えば、あなたは、ものすごく丁重《ていちょう》にもてなされたり、あるいはやたら気を遣われて、かえって疲れてしまったような経験はありませんか。

「人を引きつける聞き方・話し方」とはいったいどんなものなのですか、とよく尋ねられますが、その基本は、肩の力を抜き、自然体になることにつきます。

話し下手で悩んでいる人の話を聞くと、たいていの場合、「こんなことを言ったら嫌われるかもしれない」と心配しています。しかし、そこには「人によく思われたい」という見栄が潜《ひそ》んでいるのです。

そんな人は、我執を放《ほ》かして、ありのままの自分を出せばよいのです。それは、こだわらず、しかし流されないということです。すると、いくらでも明るい気持ちになれます。

「相手にどう思われるだろうか」などと、よけいな心配するのは無用です。ほんとうのところ、相手が自分をどう思ってもいいのです。勝手に思ってもらうことです。そもそも、十人いれば、五人はほめてくれるでしょうが、五人は「あの人はちょっとね」などと言います。それが人間の世界というものです。だから、判断は相手に任せて、自分は自然体でいることです。そして心に思ったことを素直に放《ほ》かせば、誰といっしょにいても楽しくなります。

◆◆◆本心からの言葉は相手の心にスッと入る

「自分の気持ちを表現するのが苦手なのです」と言ってくる人が少なくありませんが、下手に気を遣えば遣うほど、相手にはほんとうのことが少しも伝わりません。なんの飾りもなく、率直にパッと言っていいのです。私もストレートにものを言うので、「早島先生はこう思っているんだ」ということが相手にすぐ伝わります。

もっとも、言葉が過ぎて、相手が気分を害することもあるかもしれません。そういうときには、相手の表情を見ればわかりますから、気がついたときには、「あ、ちょっとごめんね、言葉が強すぎて」と言います。すると相手は、「いや、大丈夫です。わかりました」と受け止めてくれます。

話し手に我執がなく、本心から語っている内容ならば、その言葉は相手の体のなかにスッと入っていきます。「この人は本気で話しているんだ」ということがたしかに伝わるからです。

こちらがいくら率直に話そうとしていても、相手が打ち解けてくれなければ難しいというケースもあるでしょうけれど、そういう思いも我執なのです。

先入観を持たずに相手を見てみましょう。そして、相手の言葉が気にさわったならば、「私はこういうふうに受け取りましたけれど、それでいいですか？」と聞いてみるとよいのです。やはり、自分の受け止め方と、相手の意味していることが食い違う場合がありますから、もし相手が「いや、そんなつもりで言ったんじゃないんです」となれば、もうそこで誤解は解けてしまいます。

無理に飾らず、自分のままに

話し下手な人は、なんとかして気の利《き》いたことをしゃべろうとするから失敗してしまうのです。無理に飾らず、自分のままを出していくことです。

そのためには、人間が生まれながらにして持っている気の力を理解する必要があります。

すでに述べてきたように、気は動物や植物など、あらゆる自然のなかに満ちていて、人間の根源的な生きる力の源《みなもと》です。気の流れに逆らわないように生きていくことが、その人らしく、自然に、健康に、幸福に生きていける道なのです。たとえば、仕事を抱え込みすぎてイライラしていると、気も滞《とどこお》ってきますから、ふつうならなんとも感じないような言葉にもカッとして、ケンカになってしまったりします。また腰が痛い、体の疲れが取れないなど、どこか体調がすぐれないと、陰気になって人と話をする気にもなれません。

洗心術《せんしんじゅつ》で生理痛が治った

日本道観では、前述したように「性命双修《せいめいそうしゅう》」という言葉を遣いますが、そもそも心身はつねに一体で密接不可分であり、心が迷うと体が滞り、体が悪いと心に影響するものです。したがって、あなたが心身のどこかで、気の流れが滞っていると感じたら、導引術《どういんじゅつ》と動功術《こうじゅつ》で体を整えるとよいのです。気の流れが活発になり、これまで気がつかなかった、ほんとうの自分らしい自分が、不思議なほど見えてきます。

日本道観の女性会員でOLのWさんは、生理痛で悩んでいました。ある友人との人間関係がうまくいかず、腹を立てることが多かったそうですが、洗心術《せんしんじゅつ》で私に相談したところ、「生理痛の原因はそれだよ」と言われ、無関係だと思っていたので驚いたそうです。

女性は悩みの影響が子宮に出やすいのです。イライラやイヤな感情が、気の滞りをつくり、生理痛や子宮筋腫《しきゅうきんしゅ》などにつながることもあります。Wさんは、勇気を出してその友人とのつきあいをやめたところ、翌月、ひどい生理痛がパタッと止まったそうです。

「よいこと」を見つけて自分を変えていく

就職難の時代と言われています。しかし、どんなに厳しい就職難の時代といっても、ほんとうに心底向かないようなこと、できないことならば、誰もがその仕事には就《つ》こうとはしないでしょう。就職したからには、なにかしらご縁があったのです。

とはいえ、職場のなかでなかなか「好き」を見つけられず、前向きになれないということもあるでしょう。そんなときには、自分のなかの気が滞っている証拠です。くよくよするより、たとえ小さくても、人生のなかの「よいこと」に目を向ける習慣を養いましょう。

それはたとえば、「会社に行ったら、花が一輪《いちりん》生けてあって心がなごんだ」というようなことでもよいのです。また「今日は雨が降ったけれど、お気に入りの傘をさせて、よかった」ということでもかまいません。

そうやって、ささやかなことにでも、あなたが幸せを発見していくと、そのつど、自分の内側に滞った気が少しずつ動き、ごく自然と感謝の気持ちが湧《わ》いてくるようになります。

今日の自分にたどりつくまで、そこには育ててくれた親、そして、さまざまな形で、自分を励《はげ》まし、勇気づけ、導いてくれた、多くの人たちの存在があります。

あなたが、たとえどんなに日常生活に不満はあるにしても、こうやって暮らしていけるのは、周囲からたくさんの幸運をもらっていたからです。そのことはまぎれもありません。

そのように心を切り替えていけば、気がめぐって明るい自分になれますし、周囲の人も、あなたの明るさに惹《ひ》かれるようになるものです。

◆◆◆ 失敗したときこそ幸運にめぐりあえる

毎日の生活のなかで悩みをいだいているだけではなく、「十年後の自分はどうなっているのだろうか」などと、将来の不安をこぼす人もいます。

将来の不安があるというのは、やはり今をどう生きるかということにつながってきます。今日、不安な気持ちがあるとき、どうすればいいかというと、まず一歩、前へ出てみることです。その結果、成功しても失敗しても、とにかく一歩踏み出していけば世界は確実に変わりますから、不安が消えるのです。

ところが、多くの人を見ていると、この一歩がなかなか出ないのです。不安な気持ちのまま、同じ所にじっとしているため、明日を思い悩み、妄想《もうそう》が広がります。そしていっそう不安に押しつぶされるような心地になるのです。

よく誤解されることですが、多くの人は「一歩出たら、たとえうまくいかなくても、引いてはいけない」と思っています。しかし、ほんとうはそうではありません。そんなに力《りき》まなくてもよいのです。

「やってみたけれど、どうも違う。失敗したな」と思ったら、遠慮なく、いったん引いてしまうことです。そしてちょっと考えると、「あ、こういうところがいけなかったんだ」とわかりますから、次は「じゃあ、この方法でやってみよう」と一歩先に出られます。すると自然にエネルギーが高まって、生まれながらに持っている気がよい形でめぐるようになってきます。

よい方向に気の力を向けていく

どんな人でも、失敗をしなければ、成功することも成長することもありません。だからこそ失敗は楽しいものなのです。そもそも人生で全部成功することがわかっていたら、誰もがその人生を生きる必要はないのではありませんか。

失敗や挫折《ざせつ》を繰り返しながら、どんなにゆっくりであっても進んでいくと、予想外のことが起きて、思わぬ幸運に出会うこともあります。その失敗や挫折のおかげで、自分はこんな思いがけない方向へ進み、その結果、これほど面白い毎日を生きているのです。一見すると、平凡な日々かもしれませんが、そうした貴重な、得がたい体験を毎日重ねていくことこそが、人生の喜びなのです。

「不景気で厳しい」「社会は今や逆境を迎えている」などと多くの人はこぼしますが、それは世間の浮き沈みであって、自分を振り返ると、けっしてそうではありません。

その一例ですが、株を買ったことがないのに、株価の下落を心配する必要はないのです。経済が停滞し、明日には環境がもっと悪くなるのではないかと、不安に思いながら仕事をすると、もう体のなかに悪い気が停滞します。自分が生まれながらに持っている強い気を、くよくよ思い悩んでマイナスに遣うのは、ほんとうにもったいないことです。

杞憂《きゆう》するかわりに気の活用を

老子《ろうし》、荘子《そうし》に続く道家の思想家として知られるのが列子《れっし》です。『列子』「天瑞篇《てんずいへん》」には、「杞人の憂《きじんのゆう》」という有名な寓話が記され、最後に、列子が感想を述べています。なお中国では、「天円地方」と言い、天は円形、地は方形（四角いもの）と思われてきました。

周《しゅう》の時代、杞《き》の国（現在の河南省開封市《かなんしょうかいほうし》）に、もし天が落ち、地が崩《くず》れてきたら、わが身の置きどころがなくなると心配するあまり、眠ることもできず、食事も喉《のど》に通らない人がいました。

その有様を見かねて、ある人が言い聞かせました。「天とは気の積み重ねであって、日や月や星も同様なのだから、仮に落下してきても、怪我《けが》をすることはないよ」「地も土の積み重なったものだから、崩壊する心配はないのだよ」。それを聞いて、心配していた人は喜び、言い聞かせた人もほっとしました。

長盧子《ちょうろし》はこの話を聞いて、「天地が崩れると先の心配をするのはよくないが、崩れぬと言いきるのも正しくはない」と言いました。しかし、それを聞いた列子は、こう言いました。「肝心《かんじん》なことは、天地が崩れようが崩れまいが、そんなことに心を乱されない、無心の境地なのだ」と。

無用の心配や取り越し苦労をすることを「杞憂《きゆう》」と言いますが、それはこの寓話から生まれた言葉です。明日のことは誰にもわからないのですから、いたずらに恐怖したり、不安になったり、心配をするのではなく、また将来に備える必要はないと言い張るのではなく、今、この瞬間を一生懸命に働いて、自分の役に立つ方向へと、気の力を向けていくとよいのです。

逆境にあるほど、自分を磨く大チャンスです。ぜひ自分の気をよい方向へ活用し、たった一度の人生をよりいっそう輝かせていただきたいと思います。

◆◆◆ 百里の道も一歩から

働き盛りの人に会ったときには、「いつも時間に追われてイライラするのです」「忙しいわりに充実感が得られません」などと、時間やスケジュールに関する悩みを、あれこれこぼされることが少なくありません。時間やスケジュールと言えば、たとえば一か月先に、講演、あるいはスピーチをすることになっていたとすると、ふつうなら「まだ時間があるから大丈夫」と考えて、しばらく準備に手をつけない人も多いでしょう。

私の場合は、やらなければならないことがあれば、先のことであっても、今すぐ手をつけるようにしています。もちろん一度に全部はできませんが、いったんはじめれば、あとは続きをやればよいだけなので、気持ちがとても楽になります。

ぎりぎりまで引き延ばして、あとでいっぺんにまとめてやろうと思っても、ちょうどそのころに急用ができて忙しくなるということもあります。あらかじめ準備しておけば、突然の変更があっても、落ち着いて対応できますし、あとから思いついて、「もっとこうしよう」などと、プラスの工夫をすることもできます。どんなに忙しい人でも、毎日、ちょっとした空《あ》き時間は必ずありますから、そこを活用するとよいのです。

これは資格試験などの勉強をする際にも役立ちます。勉強というと、机に向かって集中して、ひたすら頑張るというイメージがありますが、あまり気負《きお》わずに、ふっと空いた時間を使ってやってみるとよいでしょう。そして必要な本を手近に置いておき、思いついたときに手にしてみるのです。

「百里の道も一歩から」です。あなたがまず一歩を踏み出さなければ、どんな理想にも近づきません。自分の人生のなかで、これをやりたい、これが必要だということに気を向ければ、無理なく自然と時間はつくられていくものです。

◆◆◆大切なことが見えてくる

このように、空き時間を活用することによって、一日は大きく変わっていきます。ただし、あまり無理はせずに、忙しくてたいへんだったら、重要でないものをキャンセルしてもよいのです。なんでも無理して請《う》け負《お》っていると、自分にとって大切なものが見えなくなってしまう惧《おそ》れがあります。

「あいにく今は忙しすぎて、お引き受けできないのです」と正直に言うと、気持ちがスッと楽になりますし、またある程度、取捨選択することで、逆にいちばん肝心なことがわかってくるものです。

そのように無理のない行動をして、自分で判断して生きていけば、仮に失敗をしても、後悔をすることはありません。「この次はこうしよう」という反省はあっても、気持ちは先へ行っていますから、くよくよしている暇《ひま》はないのです。

そうではなく、頭のなかで全部の段取りを考えて、理想どおりに動こうとすると、一歩も動けないことになります。時間をかけて、たくさんよいことを考えたにもかかわらず、何も実行しないままで終わってしまうのは、ほんとうに悔しいことです。

そんな残念なことはないと気がついたら、その時点からはじめればよいのです。「今は時間がないからできない」というのは言いわけです。前の項で述べましたが、どんな人でもちょっとした時間はありますから、すぐに手をつけるとよいのです。

走りながら考えよう、というのが日本道観の発想です。「どうせできない」というマイナスの方向に自分を洗脳するのは、じつにもったいないことです。

◆◆◆人間関係の不満を解決する

働き盛りの人たちがじつに忙しくしていることを申し上げましたが、そうした人たちのなかには、「上司と合わなくて、しばしば衝突もするので、もうイヤになっています」とか、「自分はこんなに頑張って働いているのに、上司はなんの評価もせず文句ばかり言うのです」

などと、職場におけるコミュニケーションの不満を言ってくる人がたくさんいます。

しかし、私はそうこぼす方に、いつもこう言うのです。

「ほんとうにそうですか？　上司ならば、その立場なりの仕事があるし、責任も抱え、苦労もあるのではないですか？」と。

ビジネスマンやOLのみなさんは、それぞれの立場で一生懸命にやっていますが、ほかの誰よりも頭が切れて、ほかにぬきんでて仕事が早いかというと、なかなかそういうわけにはいきません。そんな自分の姿をありのままに見つめて、自分はけっして完璧《かんぺき》ではなく、足りない部分があるという意識が生まれると、職場でのコミュニケーションは大きく変わっていくのです。

大切なのは、他人を批判するのではなく、自分を変えることです。相手を変えたいと思ったら、まず自分からなのです。

誰もが自分の考えは正しいと思っていますが、そのくせおたがいに相手の正しさを認めようとしないため、我執と我執とが衝突するわけです。現代の大きな問題になっている親子関係や職場の人間関係についても、これと同じことが言えます。

相手を変えようと思ったら、まず自分が思いを放《ほ》かして、相手を受け入れることが肝心なのです。

道家が「無我執」「無所有」「無差別」という、無の生き方を説くのは、そのためです。

相手を素直に受け入れられる

極端な言い方をするならば、「あなたが上司にお給料を払っているわけではないのだから、そんなことを思う暇があったら、仕事をしなさい」ということです。

問題が起きたら、つい他人のせいにしがちな人が多いなかで、悪口を言ったり非難したり、あるいは愚痴をこぼすような時間を、あなたが淡々と仕事をすることに費やせば、能率は断然上がります。また業務上での悩みが出てきても、不平不満は言わず、黙々と乗り越えるまでやり続けると、必ずあなたはレベルアップします。

すると、自然な形で成果が輝きはじめるようになるので、あなたへの上司の言葉のかけ方も違ってくるものです。たとえば、こちらから何か言いたいなと思ったとき、実際には声をかけなくても、上司のほうから声をかけてくるということが起きてくるのです。

このように、苦手な上役《うわやく》とも上手にコミュニケーションがはかれるだけではありません。

それと同時に、先入観が少しずつとれてきますので、これまで気がつかなかった上司の言動に目がいくようになります。

たとえば上司が会議からもどってきて、たいそう難しい顔をしていることがあれば、今までは、ただ上司は機嫌が悪いなと思っていたのが、どうやらトップに厳しいことを言われたようだと、その表情から察することができます。また、自分に指示を出す場合も、単にそのときの感情でものを言っているのではなく、上からの方針があってやっているのだ、といったことに気がつきます。

すると、相手を素直に受け入れられるので、単純に「上司は嫌い」という発想にはなりません。相乗効果が働いて、おたがいがいい形で変わっていくのです。

◆◆◆上司になったつもりで考えてみる

みなさん、上司の悪口をよく言います。かつて、ある人望の厚い作家の方から、「自分の勤めている出版社について、愚痴をこぼしたり、悪口を言ったりしない編集者に会ったことがない」と聞いたこともあります。

もちろん、それなりの理由はあるのでしょうが、悪口には我執が潜んでいますから、はっきり言って、考え方が小さいのです。そういう人たちは、「自分が何を言っても、上司はどうせ聞いてくれない」と頑固《がんこ》に思い込んでいるのですが、そこには「自分の意見が絶対に正しいのだ」という我執があるのです。

「自分が上司になったつもりで、上司とつきあってみなさい」と私はよく言いますが、心に張りめぐらせている我執の壁を取り除けば、気がめぐり、自然と職場の環境が変わるのです。

たとえば以前、相談に来られたある女性は、いつも自分の気持ちを押し殺して、上司の言うままについていったそうです。じつはそこには、相手によく思われたいという我執があったのです。

しかし、本心ではイヤでたまりません。そこで洗心術を受けて、「よし、明日は自分の気持ちをしっかり伝えよう」と思って出社したところ、問題の上司が話を受け入れてくれるようになったそうです。

我執が取れて、よい気が回り出したら、このように、ごく自然に運が好転して、幸せの方向へと向かっていくのです。

「自分がいちばん正しい」とか「人によく見られたい」といった我執は捨てることです。

洗心術を受けたあとの気持ちのよさ、そして「自分が変わる」という感覚は、体験してみなければわからないものです。

◆◆◆「わだかまり」が溶《と》けていく

こうした上司や目上の人との問題だけでなく、最近、「コミュニケーションが上手にできない」という悩みをいだいて、日本道観を訪れる人が少なくありません。

いちばん多いのが、家庭におけるコミュニケーションの問題です。親子のあいだで話ができない、話にならない、夫（あるいは妻）と会話が持てない、おたがいに相手の気持ちがわからない、といった理由のため、家のなかは不和だらけで、ぎくしゃくして、安心して過ごせないのです。

安らぎの場であるはずの家庭がそのような有様では、たいそうつらいことになります。親子のあいだには、どこか甘えがありますから、逆にうまく話ができないことがあるのです。

たとえば、いわゆる「よい子」が心に問題を抱えてしまうケースが少なくありません。親の期待に応えて、小さいころから優等生で育ってしまったような人は、大人になってから、「私は母に一度もほめられたことがありません」と突然に言い出したりするのです。

親にしてみれば、子どもが黙っているので、「この子は素直でものわかりがよく、みんな理解しているんだ」と誤解したままです。

ところが、本人はもっともっと甘えたかったのです。

その気持ちは子どもが四十歳、五十歳になって、自分自身が子育てをするようになっても残っています。心の根っこの部分にまで影響をおよぼしているのです。

ケンカならば外でする

そういう人の場合、大切なことは、思いを溜《た》めないことです。勇気を持って、「私は子どものころ、甘えられなくて悲しかった」と素直にお母さんに言えばよいのです。

高齢になっているお母さんは、たぶんびっくりするでしょう。「そんなことはないわよ」と反論するかもしれません。

しかし一度で終わらせず、何度か、寂《さび》しかった自分の気持ちを率直に話すといいのです。

「話す」というのは「放《はな》す（放《ほ》かす）」ことに通じるのです。話していくうちに、自分自身もそのとらわれから自由になり、またよい気がどんどんめぐってきます。それが母親に伝わって、親子関係が確実に変わっていくのです。

天來大先生は、こうおっしゃっておられました。

「人間の特徴は、話すことだ。話すことによって、人間同士わかりあえるんだよ」

話してみればなんでもないようなことでも、人は思わぬ勘違いをしたり、思い込みをするものです。親と子は、世代も違えば、立場も異なるのですから、なんでもよく話しあうことで、おたがいわかりあっていくのです。

「こんなことを聞いたら恥ずかしい」などと思うのも、我執です。

道家では、外でケンカをしてもよいから、家のなかは楽しくしろと教えます。ところが、ほとんどの人がその逆をしています。

外で人の顔色をうかがって、よい人になっているので、家に帰ってそのイライラを家族にぶつける、これがいちばんよくない生き方です。

心と体を休めるはずの家庭で、イライラを爆発させたり、たがいに心から話もできなかったりするようでは、外でよい仕事ができるはずがありません。

次の一歩を見据《みす》えておく

今が平穏な状態であっても、あるいはトラブルの最中であっても、「久安《きゅうあん》を恃《たの》むなかれ。初難を憚《はばか》ることなかれ」という道家の言葉を知っておくと便利です。これは明の時代の『菜根譚《さいこんたん》』（洪自誠著）という書物に載っています。

「久安を恃むなかれ」というのは、いつも平和で幸せでなにごともないという状態を求めてはいけない、という意味です。

「えっ、平穏ではいけないのだろうか？」

とあなたは驚くかもしれませんが、たとえば信頼できる上司の下で働くと、「この人についていけばいい」と安心して気が緩《ゆる》み、「ずっとこうあってほしい」と望むため、逆に不安が出てきます。

しかし、その人が突然、転勤になるかもしれません。

ですから、今の幸せを十分に味わいながら、先の変化も頭の隅《すみ》に置いておけば、いざ問題が起きたときに、素早く対応できるのです。

また「初難を憚ることなかれ」というのは、はじめてのことは誰でもたいへんであり、失敗してあたりまえなのだから、それを恐れる必要はない、という意味です。

最初からうまくやろうと思わず、とにかくはじめてみようという気でいると、出ていくのが怖《こわ》くなくなり、気持ちも楽になるものです。最初の困難にぶつかることに、しり込《ご》みをしてはいけないのです。

つまり、この言葉は、

「今が平安だからといって、いつまでこれが続いてほしいと願い、とらわれることはないのです。しかも、はじめて行うことはいろいろ困難があることがあたりまえなのですから、それを怖がらずに、前に進みなさい」

ということです。

ただし、ここで大切なのは健康です。体のどこかに滞りがあると、「よし、やるぞ！」という気力が弱まってしまい、自分磨きの力が削《そ》がれます。そういうときには、ぜひ導引術を実践してほしいのです。

TAOコラム

元気に一歩を踏み出せる、足もみの行法《ぎょうほう》

ありのままに生きるコツ

ありのままに生きるコツ、みなさんだいぶおわかりになったでしょうか。

失敗してもまた次の一歩と進む、柔軟さと勇気、これを持っていれば、何があっても大丈夫ですね。そしてまた、その一歩進むときに大切なのが、足の軽さです。

一歩進むには、実際に足を踏み出さなければなりません。そのときに、足が重い、痛い、むくんでいるなど不調があると、なかなか一歩がおっくうで、踏み出せないのです。

そうなると、自分も生かせませんし、人生を楽しく開いてゆけません。

「百里の道も一歩から」ですから、まずは一歩を元気に歩めるように、足の指先の気血《きけつ》のめぐりをよくしましょう。

足先まで気がめぐれば、太もも、また膝《ひざ》にも気がめぐるのです。ですから、この足もみの行《ぎょう》法《ほう》は足指や足の先端だけでなく、下半身の病気はこれでよくなる、と言えるほど、非常に効果のある行法です。ぜひ実践してみましょう。この行法は、ほかにたくさん行法を学んだ方でも、一日一回は必ずやっていただきたい、非常に基本的な効果のある行法です。

足もみの行法

①両足を伸ばして坐《すわ》る。右足を左足の大腿部《だいたいぶ》の上におく。

②左手の人差し指と親指で、右足の指をつまんで左右に水道の栓《せん》をひねるようにねじります。第一指からはじめて、第五指まで三十回ずつていねいにもみます。

③足の裏の土踏まずの部分を、両手の親指でまんべんなく指圧します（同様に、左足と右手で足もみを行います）。

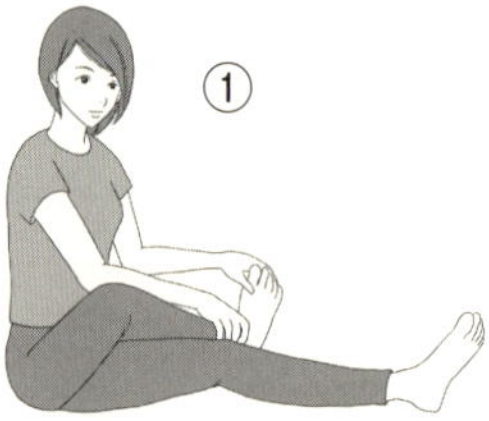
①

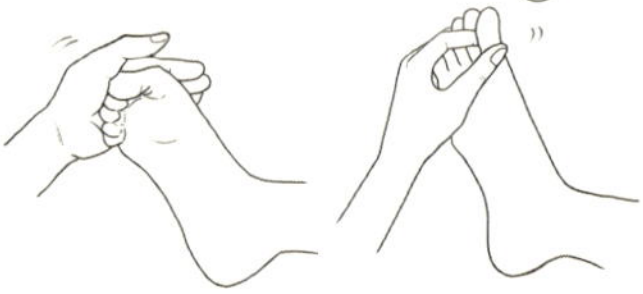
②

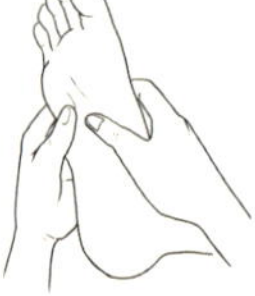
③

この行法はとても簡単ですが、ポイントは、力を抜いて気持ちよくもむことです。力を入れて早く効果を出そうとして、ギューギューひねると、効果がないばかりか指が痛くなります。あくまでも気持ちよいもみ方を身につけましょう。この行法はテレビを見ながらでも、また話をしながらでも、できます。ぜひ実践してみましょう。通常の呼吸をともなう導引術《どういんじゅつ》は食後二時間たってから行いますが、この足もみは食事直後でも行ってかまいません。ぜひ、この足もみ行法で、驚くほどの足の軽さを体験していただきたいと思います。

また午後になると足がむくむ方にも、非常に効果があります。足をもんだあとは、靴《くつ》が緩《ゆる》くなっていることに気づかれることでしょう。

第七章

明るい人生を送るコツ

◆◆◆ストレスの原因は自分にある

現代はストレス社会と言われ、多くの人が「自分はストレスが溜《た》まって、イライラしている」とこぼしています。

カナダの病理学者のハンス・セリエ博士のストレス学説によると、ストレスとは「外界からの侵襲に対して生体が適応する際の生体メカニズム」ということですが、その「有害な外的侵襲」や、これによって引き起こされる「歪《ひず》み」そのものを、一般にはストレスと呼んでいます。

「有害な外的侵襲」や「歪み」とは、心身の緊張や疲労の蓄積ということでしょうが、ストレスに悩んでいる、たいていの人は、自分の外側に、その原因があると思いがちです。たとえば何か不得手《ふえて》な仕事をしなければならなくなったとか、嫌いな上司とつきあわなければいけない、といった外からの押し付けの結果、自分はストレス状態になったのだと思い込むのです。しかし、じつのところ、その発想が間違いのもとなのです。大部分のストレスは、みんな自分自身の内側で原因をつくっているものなのです。

とくにマイナス思考の人というのは、だいたいがストレスのかたまりです。「私のやり方がダメだったから、みんなに迷惑をかけてしまった」「こんなことを言ったら、あの人に嫌われるかも」などと思い悩みます。しかも多くの女性たちは、きまじめで一生懸命に生きていますから、「自分はこうあるべきだ」という気持ちが強いのです。

そして、人に好かれたい、誰とでもうまくやりたい、そのためにはちょっと無理をしてでもりっぱにふるまいたい、と思うのです。

しかし、そういう努力をすればするほど、ストレスが溜まってしまいます。そして、誰もが生まれながらに持っている気の流れが滞《とどこお》ってしまうのです。これらの正体は、「自分をよく見せたい」という見栄《みえ》なのです。

常識にとらわれない生き方

よい言葉とは思えませんが、「勝ち組、負け組」という言葉がよく使われるようになりました。今の三十歳前後の女性たちについて言えば、自由に生きているようでいて、じつは負けたくない気持ちが強いあまり、いろいろなとらわれがあるのです。そして理想的な仕事、理想的な結婚など、世間も認めるような枠に入らないと、自分が負け組になったような気がして、ストレスを溜めてしまいます。

しかし、世間の価値観は、時間がたてばがらりと変わるものです。たとえば一九七〇年代は専業主婦が主流だったかもしれませんが、今は主夫になりたい男性もめずらしくありません。「こういう女性像が理想的だ」という社会的価値観はコロコロ変化していますから、ところが女性たちは、つい世間の常識に合わせた生き方を選んでしまいますから、十年もたつと「こんなはずじゃなかった」と思うようになるのです。

四十代、五十代になったころには、社会常識も変化して、時代遅れの生き方に埋没《まいぼつ》してしまう場合もあります。自分で生き方を選んでいないのですから、この場合のストレスは大きいものです。

ですから、周囲の常識や既成の概念にこだわらない生き方こそが大切なのです。

「人生八十年」としたなら、あなたが今三十歳であれば、あと五十年をいったいどんなふうに生きたいのでしょうか。

仮に今、社会の流行から離れた人生を選んでいても、十年後には最先端の素敵な生き方になっているかもしれません。

楽に生きられれば自信はいらない

そうした生き方をするうえでは、なによりも自信が大切だと思う方も少なくないことでしょうが、じつは自信はいらないのです。自信を持とうとするからこそ不安になり、周囲の人と対立して、ストレスが溜まってしまうのです。

社会的にどんな一流の人であっても、自信に満ち溢《あふ》れている人なんて、本質的にはいないものです。そもそも自信を持ってしまったとたん、自分の成長も止まります。それとはまったく逆の場所、すなわち「自分は何も知らない」「自分なんてものはない」という地点にもどることです。

それではどう生きるかというと、まず「自分はいったいどのように生きているときが、いちばん楽しいのか」というところに立ち戻ります。自分が今までやってきて、わりあいに苦労なく評価を受けたのはどういうときか、思い起こしてみましょう。人前でしゃべったときは思いがけなく好評だった、人と人とのあいだを取り持つのがうまかった、など必ず何かの体験があるはずです。このようにすると、自分のほんとうの姿に気がついていくはずです。

ところが元来、前へ出るタイプの人が「女だから」「もう歳《とし》だから」などと、周囲の視線を気にして自己規制をしてしまうと、それがストレスになるのです。ほんとうにどんなに小さな一歩でもいいのですから、まずは自分の感性を信じて、進んでみることです。

Mさんは日本道観の女性会員で、職場の喫煙《きつえん》に悩んでいました。ヘビースモーカーの上司に改善をお願いするのは気まずいし、煙がつらくても自分が我慢するしかない、とあきらめていたのです。そのとき、「無理と決めつけず、でも自分の意見が通ることは期待せず、ちょっと聞いてごらんなさい」と助言したところ、彼女はさっそく実践し、その小さな勇気がきっかけで喫煙室ができたそうです。怖《こわ》がらずに、トライしてみましょう。

もちろん誰にでも失敗はありますが、素直に反省をして、次はこうしようと思うことです。そうやって一度挑戦すれば、確実に昨日とは違う自分に会えるのです。

◆◆◆我執《がしゅう》をとれば潜在能力が湧《わ》き出してくる

「ありのままの私」でいれば、イライラがなくなって、自然と、心がリラックスしてきます。ところが長年、「○○しなければならない」という発想にとらわれ続けていると、ありのままを感じ取ることが難しくなってしまうのです。

そういう人には、「もっと毎日を楽しみながら、コミュニケーション力を養いましょう」とお伝えしています。みなさんは、「そうはいっても、我執《がしゅう》を捨てることは難しい」と思われるかもしれませんが、それはちっとも難しいことではありません。どんな人にでも我執はいっぱいありますから、我執が出たときに気づいて、取り去ればよいのです。

一度、二度取っても、また必ず遭遇しますから、そのつど、「あ、また我執だ。こんなものを持っていると重いから、放そう」と思って、サッと取るのです。それを繰り返していけば、自然とあなたの潜在能力が表面に湧《わ》き出してくるようになります。

夫婦間の悩み

夫婦の場合も、悩みをいだいている人たちがたくさんいます。たとえば妻が、頭のどこかに離婚を考えながら、「でも離婚は怖い。どうせ夫に何を言っても聞いてくれないし、自分が我慢するしかない」というように思いを溜めていることが少なくありません。

しかし、夫に話をしないと決めたのは、自分自身です。「彼は聞いてくれない」と勝手に思い込んでいるだけなのです。みんな、上《うわ》っ面《つら》だけで話をして、本音を言いません。だから何十年ものあいだ、いっしょに暮らしていても、おたがいのことがわからないのです。

もう離婚してもいいと思って、自分の気持ちをハッキリ伝えると、逆に相手への理解が深まって、仲がよくなるカップルはとても多いのです。

◆◆◆ 自分から踏み出してみよう

仮に夫婦がしょっちゅうケンカしながら暮らしていても、根本のところで理解しあっていればよいのです。しかし、どこかで疑いながら、しかたなくいっしょに暮らしているというのでは楽しくありません。

今はあれこれ頭で考えすぎる人が多いので、私は「自分の『気』で感じたまま、素直に言ってみなさいよ、きっと聞いてくれるから」と伝えます。

一回でダメだったら、時をおいて、二回でも三回でも話してみることです。そのときに大切なのは、「真剣さ」です。人間というのは、相手から愚痴《ぐち》のようにぶつぶつ言われると、耳を傾けようとはしないものです。もちろん話すほうも、いい加減であってはだめです。

夫のこんなところが理解できないとか、そこは我慢できないなどと思ったら、「私、あなたのこういうところが納得《なっとく》できないけど」と言ってよいのです。

ただし、やはり人間というのは、相手の話を聞いても、自分なりに解釈して、そのまま受け入れることは少ないものです。そこで誤解が生じれば、「私の解釈が悪いのかもしれないけれど、今、あなたが言ったのは、こういう意味ですか?」と率直に聞きましょう。「いや、そうじゃないよ」と彼が答えれば、たがいのことが少しずつわかってきます。

いずれにしても大切なのは、まず自分から踏み出すことです。夫を変えるのではなく、自分が変わるのです。そうすれば、その後の運勢は確実に変わっていきます。

これ以外に、負のスパイラルから抜け出す方法はないのです。心は目に見えませんから、どう変えればよいのかわかりません。そういうときは、まず体から変えていくとよいのです。

野生動物にもどってみる

最近、ある新婚まもない女性がこんなことを言ってきました。

「結婚後は毎日、夫のために弁当をつくり、家の掃除《そうじ》もきちんとしなければと思って、頑《がん》張ってきました。そうやって理想の妻を目指して努力しているのに、ちっとも心が楽しくないのです」と。

そこで、「一度、野生動物にもどってみましょう」とアドバイスをしたのです。

野生動物というのは、イヤなことはしません。そして自分に必要なことだけを、好きなようにやっています。つまり、「ねばならない」という気持ちは持っていません。

「人にほめられたくて、無理に正しい自分をつくろうとしなくていいのですよ」と伝えたところ、彼女はフッと気持ちが楽になり、リラックスしたと言います。

忙しいときはお弁当をつくらなくていいと思ったら、逆に自分は料理が好きなのだということに気がつき、それからはお弁当づくりが楽しくなったとのことでした。

また掃除が手抜きの日があっても、「まあ、たまにはいいか」と思えるようになりますから、ストレスにはなりません。

すると、心が落ち着いてきて、夫との会話も弾《はず》みますから、夫婦のコミュニケーションが円滑になったそうです。

「ようやく新婚気分も味わえるようになり、ほんとうによいことづくしなんです」と、まもなく報告してくれました。

マイナス思考を手放して明るくなる

人が明るくなれないとしたら、それはマイナス思考にとらわれているからです。「私なんかダメだ」とか「自分のやり方が悪かった」などと、マイナス点をあれこれ見つけてきて、そこにこだわって執着していると、ものの見方や考え方が狭くなります。それがまさに我執です。

しかし、実際のところは、Aさんに嫌われても、Bさんからは高い評価を得られる場合もあります。自分の勝手な思い込みによって、自己評価を低くするようなことはまったく必要ないのです。こういう我執はパッと放《ほ》かしてしまうことが大切なのです。

最初は誰でも、そうした気持ちの切り替えができません。たとえば「自分は今、無理して格好をつけているな」と気がついたら、そのこだわりをパッと捨てます。しかし、こういう我執は必ずまたもどってきます。そうしたら、「あ、また浮かんだ」と心で思っておけばよいのです。

要は、考え込んだり抱《かか》え込んだりしないことです。「絶対に取らなくちゃダメ」と思いつめる必要はありません。

そもそも我執というのは、取ったようでも、すぐにまた出てくるものです。そこにとらわれず、「また出たな」と思って、そのままにしておけばいいのであって、どうしても取れなければ、取らなくてもよいのです。

知っておいてほしいのは、私たちには、「ああしなきゃいけない」「こうしなきゃいけない」というものは、なんにもないということです。

悩んでいたいのならば、それでもかまいません。我執がどうしても放《ほ》かせないなら、今のところはもう少し握っておきます。現在はあえて「つらい」「苦しい」を味わう時期なのかもしれません。そうこうするうちに、我執がふと取れる瞬間があるものなのです。

◆◆◆ イヤなことはイヤと言う

あなたが「このままではダメだ」と思ったら、まず人によく思われたいという我執を捨てましょう。そしてイヤなことはイヤと言葉にするのです。ここからはじめるとよいと思います。

「ノー」と言うのが難しいというのならば、「あの人に嫌われたくない」などと、あなたがどこかで見栄を張ったり、格好をつけているからなのです。

人に何かを求められたら、「あいにく、これしかできません」とはっきり伝えましょう。そして、できるだけのことを一生懸命やることです。もしそれで相手に嫌われるとしたら、あなたにとって、その人は去ってくれたほうがいい人だったのです。必ずまた、いい人が現れますから、そこに執着するのはもったいないことです。

逆に、「こんなことをやってほしい」と求めて、人にすり寄っていくようでは、相手もイヤな感じがします。人に何かを求めると、相手は離れてしまい、そして求めなければ、人は集まってくるのです。相手に求めてばかりいるようでは、いつまでも不安が取れず、ほんとうの幸せはやってきません。

怖《こわ》がらず率直に語ること

率直に自分の本心を伝えることについて、別の例を申し上げましょう。
最近、男性とおつきあいをしても、なかなか結婚できないという悩みを多く聞きます。

たしかに、男性のほうがあまり積極的でないという例は増えています。しかし、女性は年齢を考えると、ある時期で結論を出したいと思うものです。こういうときは、なるべく早く、率直に、自分の気持ちを伝えるとよいのです。言葉を飾ることなく、ありのままに「結婚して」と言葉にするのです。こちらが真剣に問いかければ、向こうも真剣に答えを出してくれます。

それで結婚をしないという話になれば、次のチャンスに向けて進んでいくことができますから、女性にとってはよい判断となるのです。

そのとき、ふられたと思って悲しむと、傷ついてしまうのですが、そうではなく、縁《えん》のない人のところに、これまで行ってしまっていたのだと考えればよいのです。そして、どこかに自分と縁のある人が待っているのですから、早くそこまで旅をしなければいけないのです。女性には、そんなふうに、だらだら、ぐずぐずしている暇《ひま》はないのです。

「白馬の王子様」を待っているだけでは、一生現れてくることはありません。王子様は自分で探しに行けばよいのです。そして、ぐずぐずしないで、思いきって結婚のことを切り出すことです。

◆◆◆

器《うつわ》に沿《そ》う水のように

『老子《ろうし》』には、「水のように、いかようにも姿や形を変え、低きに流れ、そして自己を誇ることのない姿こそが、最高の生き方だ」ということが記されています。

それが『老子』第八章にある、「上善《じょうぜん》は水のごとし」という言葉です。

あなたが、たとえば苦手な上司との関係や、あるいは家族関係や、近所づきあいなどで苦労しているような場合は、この「水のようになる」という言葉を知っておいてほしいのです。

水は、沸騰《ふっとう》して水蒸気になれば、エネルギーを生み出します。凍れば、その上を歩くこともできます。また源泉《げんせん》から湧き出た水は、川となって海に流れていったりして、あらゆる生命の源《みなもと》になります。嵐ともなれば、すべてを飲み込むほどの大きな力を持ちますが、その一方で、小さなコップのなかにもするりと入ります。まさに変幻自在です。

この「上善は水のごとし」という言葉は、「水はよく万物を利して争わず」と続きます。

もっとも尊《とうと》い善とは、水のようであって形がありません。だからコーヒーカップの中に入ればカップの形になり、川ならばさらさらと流れます。隙間《すきま》のある容器に入れれば、どんなに小さな穴でも、そこからちゃんと通り抜けますし、大きな船を浮かべる大海にもなります。一度猛《たけ》り狂ったならば、村一つを流してしまうほどの力もあります。

「水になる」というのは、この自由自在な水のように、自分らしくありながら、まず相手に沿《そ》うという、融通無碍《ゆうずうむげ》の生き方、考え方です。

たとえば、上司と意見の相違があったとしても、「違うでしょ、そんなはずはありません」などとあらがわないことです。そうではなく、まず、「ああ、そうですね」と、上司という「器《うつわ》」にいったん沿ってみるのです。満杯《まんぱい》の水のなかに、腕を入れたときのことを想像してみてください。水は少々波立ちますが、腕さえ出せば、水面はやがて元どおりになります。このように、水のような心であれば、苦手《にがて》な上司の言葉という「腕」でかき回されたとしても、壊れることもなく、傷つくこともないのです。

◆◆◆ あなたが変わると、相手も変わる

さて、その苦手な上司ですが、あなたが「あの人は仕事ができない」と嘆いていても、それはほんとうでしょうか。会社がその人に地位を与えているのですから、やはり上司は、

あなたよりも仕事ができるのではないでしょうか。

上司に叱《しか》られたといっても、はたして、あなた自身はちゃんと仕事ができていたのでしょうか。ひょっとして、時間がなかったのがミスの原因などと、言いわけをしていませんでしたか。

部下に間違いがあれば、きちんと指摘する。それが上司の仕事です。あなたが注意されるのは見込みがある証拠なのですから、言ってもらってよかったと、すっと受け止めることも大切です。

それでも上司の言うことに納得できなかったら、黙ったまま我慢するのではなく、また反発するのでもない道を選びましょう。「それはどういうことなのでしょうか」と素直に尋《たず》ねてみるのです。聞いてみれば上司の思いがわかり、その言葉も受け止められます。すると上司も、あなたの変化を感じて、対応が違ってきます。

「人は変えられないものだ」とあなたは思うかもしれません。しかし、こちらが変わると、相手の心もすっと溶けることがあるのです。

このように、水のように生きれば、どんな相手でも、またどんな状況でも自由自在に対応できるようになるのです。それは一見、力がないようでいて、じつはいちばん強くて美しい生き方です。

◆◆◆ 心の持ち方で冷《ひ》えは解消する

「冷《ひ》え」に悩んでいる人がたくさんいますが、この項では、冷えの元凶でもある「体と心の気の関係」について考えてみたいと思います。

人は、心の持ち方が大切です。私たちはうれしいことがあると、誰でも元気になりますが、これは気のめぐりがよくなるからです。好きな人とデートをする前日は、顔はバラ色となり、冷えもどこかへ吹き飛んでしまいます。冷えは、気が足りない人や、気の循環が弱い箇所に現れるのです。たとえば「クーラーの冷えを異常に感じる」とか「同じ所にいても、ほかの人より冷える」というのは、その人の気のめぐりが悪いからです。何があっても、「どうせ私なんか」と心が冷《ひ》え冷《び》えとしていると、気の循環も悪くなります。

人はなにかよいことがあると、感情が高揚します。うれしい気持ち、喜び、笑い、というのは体内の気のめぐりをよくします。それに対して、冷え冷えとした、「どうせ私なんか」とか、「ああ、私ばっかり失敗している」といった、そういう後ろ向きのマイナス志向は、気の循環を悪くするので、自然に体が冷えていきます。

日本道観でも、ときどき「私は導引術を一生懸命やっているんですけど、まだ冷えが治りません」と訴える人がいます。そういうときに、「あなたは考えが冷えてない？」と言うと、たいていの人は驚きます。その人に向かって、「あなたはいつでも、『どうせ』とか、『ほかの人だって』といって、人の言葉に耳を貸さないでしょう。つまり、心がいつも鎧《よろい》を着ているから、冷えが取れないのよ」と説明をすると、「ええ、たしかに私はそうですね」と納得します。

自然と一体になった生き方

自分の人生を明るくし、そして冷えを取りたかったら、まず自分が先に変わるしかありません。誰かが面倒を見てくれたとしても、いつも後ろ向きだったら、「もうあの子はしょうがないわ」ということで、放り出されてしまいます。

ところが、失敗しても失敗しても、前向きな心を失わない人ならば、上司にしても、先生にしても、家族にしても、必ず「ああ、この人は一生懸命だから、そんなに能力はないけれど、どこかで使ってあげよう」というふうになるものです。

逆に、いつも心が冷えている人は、生き方そのものが自然の流れに逆らっているので、何をしてもうまくいかず、体の冷えも取れません。

道家は「水に学べ」とも「水は方円の器にしたがう」とも言います。水はつねに高きより低きに流れ、どんな形の器にも順応して収まります。それでいて、水は集まって大河や大海をつくり、土地を潤《うるお》し、大きな船を浮かべることもできます。このように、水のごとく、自然と一体となったダイナミックな生き方をすれば、体の冷えも取れてしまいます。

自然に春夏秋冬があるように、もちろん人間は誰でも落ち込むことはありますが、道家はそういう感情も素直に受け入れます。そして、「また前に向かって行ってみよう」という自然な、とらわれのない生き方をするとともに、導引術《どういんじゅつ》や道家動功術をします。そうすることによって、心も無為自然《むいしぜん》の生き方になり、体の気の流れを自然にもどしていくのです。

発想の転換も大切

だからといって、人と会うときはいつも笑顔でなければいけないというわけではありません。そういうような思い込みのある人に限って、あるとき、プッンと切れたりするものです。

誰もが、ムスッとした顔よりも、ニッコリ笑った顔で迎えられたほうがよいに決まっていますが、人間は感情の動物ですから、あえて感情を抑えるのは、自分に箍《たが》をはめてしまうことになります。したがって、道家は、つらい表情をした、両親や同僚との関係などで悩んでいる方が来られたときには、まず、

「いい顔なんかしなくていいのですよ」

「無理して、いつも笑っていなくていいのだ」

と言います。家族関係や親孝行についても同じことが言えます。儒教では、親孝行は大切な徳目の一つですが、道家は親孝行を説きません。なぜかというと、道家は親孝行をするのが自然なので、改めて説く必要がないからです。それはけっして特別なことではなく、あたりまえのことなので、あえて「親孝行せよ」とは言わないのです。

大道《だいどう》廃《すた》れて仁義《じんぎ》あり

「大道《だいどう》廃《すた》れて仁義《じんぎ》あり」という有名な言葉が、『老子』第十八章にあります。

これは、「ほんとうの大いなる道がある限り、仁義などが取りざたされるはずはない。

それが声高《こわだか》に叫ばれるのは、大道がすたれたからだ」といった意味です。

親孝行とか、仁義や、忠節や、信頼や、貞淑《ていしゅく》や、廉潔《れんけつ》といったことに何よりも重きを置いたり、あるいは道徳的なことや礼節をことさらに強調するようになったら、それは不自然なことであり、タオ（道）から離れているということにほかならないのです。

ちなみに儒教では「仁義礼智信《じんぎれいちしん》」を「五常の徳《ごじょうのとく》」として重視しています。

したがって、そういうような人に対しては、まず「無理をすることはないのですよ」と言います。

続けて、「最高の親孝行というのは、健康な心と体を持ち、悪をなさず、よき伴侶《はんりょ》を得て、丈夫な子どもを生み、幸せな家庭を両親に見せることなのですよ」と、まず呪縛《じゅばく》を解いてあげます。

そして、呪縛を解かれた、彼なり彼女なりが導引術をして元気になると、幸せは自分一人のものではなく、家族がいたら家族と、同僚がいたら同僚といっしょになってはじめて得られるものだということがわかりますから、「いつも君は、どの環境にいっても、楽しくいけるじゃない？」という展開になります。

二人の羊飼いの話

仁義については、『荘子』外篇の「駢拇篇《べんぼへん》」に次のような話が載っています。

臧《そう》と穀《こく》という二人の羊飼いがいました。あるとき、その二人が、飼っている羊を逃がしてしまったのです。「お前たちはいったい何をしていたのか」と、主人に詰問《きつもん》されて、臧は「申しわけありません。書物を読みふけって、ひたすら勉強にいそしんでおりました」と答えました。一方、穀は「あいすみません。私は友だちと賭《か》け事をして、遊んでいました」と答えました。二人の言いわけは明らかに違うようですが、両人とも、飼っていた羊を逃がしたことに変わりはないのです。

（ところが、ふつうは勉強をしていた前者の臧をほめ、遊んでいた後者の穀は誹謗《ひぼう》するものです。前者の行為は善《よ》いとされ、後者の行為は悪いとみなされるのです。道にかんがみて、私は前者のような仁義《じんぎ》の原理を実践することはせず、また後者のような放縦《ほうじゅう》な生き方もしないのです）

そして荘子《そうし》は、仁義ではなくて、「徳」という、生命の自然の働きを大切にし、それにしたがうことを述べていきます。

つまり外側のことにとらわれ、ある一面だけを見て、物事を善いとか悪いとか判断するのではなく、また他人のことに目を向ける前に、まず自分の本性（徳）の声に耳を傾け、ひたすらその本性を見つめるのが肝心《かんじん》だということです。

まじめな人の呪縛を解き放す

日本道観に来られる方は、そのように、まず他人のことを考えたり気にしてしまうタイプのまじめな方が多いので、最初に「人に迷惑をかけちゃいけない」「人にイヤな思いをさせちゃいけない」「約束の時間に遅れて人を待たせちゃいけない」といった、長いあいだ大事に抱え込んでいた「呪文《じゅもん》」を解くために、こんな会話がよく交《か》わされます。

「私が会社に行かないと、絶対ダメなんです。うまく回らなくなります」

「じゃあ、君が入院したらどうする？」

「そのときは、しかたがありません。誰かがかわってやります」

「だったら今、無理だったら休んでみるのも、そこまではできませんと上司に言うのも、一つの勇気だ」

この、他人についての「呪縛」から解き放たれたときにはじめて、自由意志で、「仕事がしたい」「自分にはこの仕事が面白い」、または「私はほかの仕事がしたかった」ということが、はっきりとわかってくるのです。

一度しかない人生なのですから、やはり自分の意志で、生きたいように進んでいくことが肝心です。そうなってくると、人間の性格は本来前向きなので、気のめぐりは非常によくなってきます。

冷えは心と体の両面から、原因を取り除いてあげることが大切です。なかには冷えの原因が心か体かわからないような人もいますが、そういう方はまず、体から入ればよいのです。「私はそんなに我慢していません」と、最初のうちは、我慢していることに気づかない人もいるからです。

そういう方は、何よりもまず自分の体を緩《ゆる》めてあげることです。体の気のめぐりをよくしてあげることによって、いつのまにか「無理をしなくなり、上司ともうまくいくようになりました」と喜んで報告に来ます。

そのように、自然に体から変えることによって、心や人間関係がよくなる方もたくさんいます。

ネガティブな体験のもたらすもの

つらいとき、悲しいとき、虚《むな》しいとき、人はどれだけ深く心を痛めるのでしょうか。

そんなふうに心を痛めている人がまわりにいるとき、あなたがその人の心を理解するというのは、人生の根本と言えるほど大切なことです。

ですから、あなたが誰かに傷つけられたり、評価されなかったり、あるいは嫌味《いやみ》を言われて悲しかったりする、筋道の通らないようなネガティブな体験も、長い人生を通して見れば、ほかにかわるものがない素晴らしい学びの一つなのです。

とはいえ、「人の心がわかる」というハードルは高く、まして年代の違う人たち、たとえば新人社員や部下の気持ちを理解するのは、難しいのがあたりまえです。

そうした悩みをスッと解決するシンプルな方法があります。それはただ「相手に尋《たず》ねる」ということです。部下の気持ちを知りたいならば、飾ったり、隠したりせず、率直《そっちょく》に言葉を投げかけるのです。

たとえば「今回の仕事について、あなたがどう思っているのか、気にかかっていたのよ」と明るい調子で尋ねれば、「この人は自分のことを気にかけてくれたんだ」と部下は気づきます。

また、部下などの欠点が目につき、何かアドバイスをしたくなったら、まず「ほめる」ところからスタートしましょう。

「あなたの笑顔はまわりの人をホッとさせるし、すごくいいと思う。だから、この部分をちょっと変えると、もっと伸びるわね」

こんな言い方をすれば、相手は喜んで、自分を変えるように努力してくれます。「喜び」という感情は、人と人をつなぐ架《か》け橋です。ぜひ、たくさんの喜びの橋を架けましょう。そして、相手を身近に感じ、さまざまな心のあり方を理解できるような人になりたいものです。

仕事に「好き」を見つける人

どんな仕事であっても、経験を積むなかで必ず壁にぶつかります。そのとき、心の支えになるのは、やはり「好き」と思う気持ちです。

以前、保険会社に勤める女性から、相談を受けました。彼女はもともと営業職で、外に出て人と会うのが好きなタイプだったのですが、異動によって、資料や書類作成の担当になってしまったのです。ところが彼女は、緻密《ちみつ》な書類づくりが大嫌いなうえに苦手だったのです。上司から連日、作成した書類に厳しくダメ出しをされ、彼女はもう仕事をやめたいと思うほど落ち込んでいました。しかし、保険の仕事をする限り、書類作成はつきものです。ここで頑張って、上手な書類作りのやり方を身につければ、優秀な営業ウーマンで、なおかつ事務作業も正確な人材になれます。まさに鬼に金棒です。ですから私は、「今こそ苦手を克服するチャンスなのですよ」とアドバイスしました。

すると彼女は、「そうだ、今は勉強中なんだ」と状況を素直に受け止めて、それからは書類作成に真剣に取り組むようになりました。その姿を見ていた上司も、彼女の努力を認めて、ダメ出しをするのではなく、アドバイスをくれるようになったそうです。

やがて、ひどい書類を回す人物として、部署内で顰蹙《ひんしゅく》をかっていた彼女も、次第に認められるようになりました。

そして営業職にもどったあとも、以前より力を発揮できるようになりました。営業という仕事が好きだからこそ、苦手も克服でき、結果的に才能が磨かれたのです。

自分を支える大きな自信に変わっていく

たとえ小さな才能であっても、こつこつとそれを磨いて伸ばしていけば、自分を支える大きな自信へとつながっていくものです。そして気がつけば、それが天職になっているということもあるのです。

美術家の横尾忠則さんと、画家である娘さんの横尾美美《みみ》さんと鼎談《ていだん》をした折り、横尾忠則さんは「根気も才能だと思っています」とおっしゃっていました。横尾忠則さんは、ご存じのように、一九六〇年代よりグラフィックデザイナーとして世界的に活躍され、その後、画家に転向し、国際的にも高く評価されている芸術家です。横尾さんの言葉のとおり、導引術を学びに来る方でも、「わかりました、わかりました」といって、パッパッとやってしまう人よりも「下手《へた》だね、下手だね」と言われながらも、ずうっと通ってくる人のほうが、結局、十年も二十年も続いて、導引術をマスターしていることが多いのです。

「下手なら下手なりに楽しみなさい」と天來大先生はよくおっしゃっていたものです。なにごとも、楽しみながらこつこつと無理なく続けることが、上達のコツです。

そのままの自分を素直に好きになる

現代は、女性の生き方が非常に多様化していると誰もが言います。しかし総じて、内面では、自分のなかの小さな価値観にとらわれて、我執に迷っている人が多いのです。「こんな仕事をして、こんな結婚をして……」と、何かの枠に入らなければ、自分の人生が負け組のような気持ちになってしまいます。

また日本人は謙虚さを尊《とうと》ぶ気風《きふう》があるため、自分の欠点に注目しがちです。「私はここがダメなんだ。もっとこう生きなければいけない」というように、まじめに考えていることが、逆に我執になって、気が滞り、自分を苦しめてしまうことも多いのです。

理想を持つのはよいことですし、たとえば「あの人、素敵だな」と思って、その人の生き方だけでなく、服装や持ち物、話し方をまねてみるのも悪いことではありません。最初は形から入っていくと、そのうち心がついてきます。たがいの気もなんとなく似てきて、理想に近づくということはあると思います。

ただし、「こういう生き方をしなければいけないのだ」という思い込みは気の流れを悪くします。大切なのは、自分を素直に受け入れ、自分を好きになることです。すると、自然に心のこだわりがとれて、気がめぐり、人生に元気とやる気が湧いてくるのです。

仕事がうまくいく人の条件

どんな人でも、明るく元気に溢れた、陽気な人が好きなものです。よい所にいて楽しい人には、自然と大勢の人が寄ってきます。人の集まるところには、情報も集まりますから、そのなかで仕事に役立つ話が出たり、気の合う人との出会いもあったりすることでしょう。損得抜きで警戒心も持たない、よい協力関係が生まれれば、幸運や成功をつかむチャンスも増えてきます。社会において幸せに生きていくために大切なのは、人と人とのつながりなのです。

とはいえ、仕事をしていれば、不愉快なこともあるでしょう。また陽気でばかりいられないというときもあるはずです。しかし、自分を暗く、そして陰気にしているのは、すべて自分の考えなのです。

社内の異動で、これまでとはまったく別の部署に移ることになったとき、「新しい部署で、どんな仕事に出会えるか楽しみだなあ」と思う人もいれば、「まわりとはたして、うまくやれるだろうか」と取り越し苦労をする人もいます。

人は陽気な気持ちと陰気な気持ちを両立させることはできません。したがって、陰気な自分が顔を出してきたら、気分をスッと切り替えましょう。

それには、たとえば、「この仕事がうまくいったら、自分へのごほうびに○○しよう」ということでもいいのです。すると自然に顔がほころび、陽気な表情になるものです。

人生とは、「今」という一瞬一瞬の、その積み重ねなのですから、陽気な時間が長ければ長いほど、幸運に出会うチャンスも増えます。

ただし、お金のかかるごほうびは際限がないものです。素敵なごほうびを求めようとするよりも、心のなかで、さっとプラス発想に切り替えられるとよいのです。

陰気な表情の赤ちゃんがいないように、人はそもそも、生まれながらにして陽気な存在です。成長とともに身についてしまった見栄や欲、そしてまた「自分が正しいんだ」などという思い込みや我執はできるだけすぐに手放し、生来の明るい気を取りもどしましょう。

そうすれば、無理なく人を呼び寄せる幸運体質になり、キャリアもプライベートも順調に進んでいくのです。

現れた壁を突き破る勇気

もっとも、自分の好きなことをはじめても、途中で自分に合っていないとか、才能がない、と気づくことがありますし、嫌いだと思っていても、はじめてみたら、自分に合っていた、ということもあります。

ですから、絶対に好きなものとか、絶対に嫌いなものは、ないと言えます。自分に縁のある仕事をとことんやってみて、そこで好きか嫌いかを決めなさい、と私はアドバイスをすることがあります。

やらずして、好きか嫌いかを判断することはできません。与えられた仕事であっても、ひととおりやってみると、嫌いだと思っていた仕事が好きになっていることもあります。

とはいえ、真剣にやっていると、好きなことであっても、必ず壁が現れてきます。その壁をよじ登ってみて、はじめて、ほんとうに好きなのか、じつは嫌いだったのか、また、とことんできるか、できないかがわかってきます。

そうした壁はいくつもありますから、それを打ち破って、つねに前の自分を越えていくことです。そうでなければ、何をやっても成功しがたいと思います。なかでも芸術の道は、とりわけ厳しいものです。

とくに作為というか、いい作品をつくりあげてやろうという意識が、その人の持っている芸術性なり、感性なりを歪《ゆが》めてしまうのです。

日本道観にも、何かの新人賞を取ったものの、その後が苦しくて、どうしたらよいのかわからない、という悩みをお持ちの方が学びに来て、自分の歩むべき道を見つけていきます。

◆◆◆怒られることの意味

道家には、「信言《しんげん》は美ならず、美言《びげん》は信ならず」(『老子』第八十一章)という言葉があります。

ほんとうにその人のためになる言葉は、ちょっと聞きたくないような厳しい言葉であり、一方、美しすぎるほど飾った言葉は、真実味がとぼしく、信じられないものだという意味です。

国際的ピアニストとして活躍をしている原田英代さんと対談をした折り、原田さんは恩師の教授に怒鳴《どな》られた体験を話されました。

原田さんは、一九八四年にジュネーブ国際コンクールで最高位を獲得されたあと、演奏家として世界を渡るという華やかな場ではなく、あえて音楽大学の一学生にもどって勉強をしなおすという道を選ばれました。それからウィーンで教鞭《きょうべん》をとったあと、ロシアのモスクワ音楽院教授だったヴィクトール・メルジャーノフ先生がドイツに出てきたので、その先生の下で、さらに七年間学んだのです。

メルジャーノフ先生はよく怒鳴る方で、たとえばリサイタルの前日、原田さんに向かって、「まだできてない！」と怒って、楽譜を床に叩きつけて出ていったこともあるそうです。

原田さんは「そうすると、もう自分の力でやるしかないんです」、そして「やはり怒鳴られると、よく練習するようになりますね」と言いましたが、怒っていただけるのはありがたいことです。

まさに、「信言は美ならず」です。私も日本道観始祖である天來大先生には厳しく怒られたものです。バス停でも喫茶店でも電車のなかでも、しばしば叱られました。やはり人前で怒られるのは、恥ずかしいことでした。

しかし、そういうふうにハッキリ叱られたときこそ、素直に、「はい」と受け止めることによって、はじめてほんとうのことがわかってくるのです。

石が丸くなる

先ほど「上善は水のごとし」という『老子』の言葉を紹介しました。それはいわゆる「自然体」であるということですが、道家には、「いろんなことにぶつかって、カチカチだった石が丸くなる」という教えもあります。

若い方の場合はもちろん、さらさらと水のように生きるというのは難しいことです。最初はいろいろな事柄にたくさんぶつかって、失敗したり、討論したりして、そのなかでわかっていくこともあります。とがった石が川に流されているうちに、水によって磨かれて丸くなるように、人間が徐々に磨かれていき、やがては美しい光を発するようになるのです。「玉磨かざれば光なし。人学ばざれば智なし。智なければ愚人《ぐじん》なり」とは『実語教』（作者未詳）の言葉です。あとから思い起こすと、苦しかったときや、つらかったときが、じつはもっとも充実していたということもあるものです。

見栄や我執、そして自らの名前も捨ててしまって、子どものような柔軟さと柔らかさだけを残すとよいのです。そうすると、大人として社会生活を生きながら、自分の感性を一生磨き続け、一生をかけて表現し、年齢を重ねることを楽しんでいけるのです。

国際的ピアニスト、原田英代さんの生き方は、まさにそのお手本と言えるでしょう。

心のとらわれを捨てて生涯現役を楽しむ

年齢を重ねてきて、現在、熱心に奉仕活動などをなさっているような方に申し上げたいのは、いろいろと協力してくださる方に「これをやらなければダメ！」などと怒ることはしないことです。

やってもらって、ダメならダメで、よいのです。それはそれとして受け止めましょう。人は自分一人では何もできません。だからこそ、ほかの人にお願いして、やってもらえればありがたいことですし、できなかったら、それまでです。

そういう部分での心のとらわれ、すなわち我執をとれば楽になります。それは奉仕活動を頑張りすぎないということにもつながります。たとえば、今は活動がうまくいっているものの、体調的にこのままいったら無理かなと感じられるならば、どなたかにお預けして、一度休みます。それが我執のない生き方です。

「私が言い出したのだから」「私がお願いしたのだから」などと思って無理をすると、逆にその活動のためにもならなくなるのです。

若いときは少々苦労して、体を使うことはよいのですが、やはり少しずつ歳を知っていくことが賢明です。すると、自然に、無理をしなくなるので、結果的には、いわゆる定年もなく、「生涯現役」でいられるのです。

道家では、晩年がとくに楽しいと言われます。歳をとると、必ずと言っていいほど、痛いところや不自然なところが出てきて、苦しみになったり、不安になったりしますが、道家では、その手入れの仕方を教えるので、心配なく、楽しく歳を重ねることができるのです。

導引術を続けていたら、人に世話を受けなくても、一人で楽しく生きていけます。道家の生き方は、まさに生涯現役そのものなのです。

◆◆◆ 思い込みを捨てる

本書では、タオイズムの無為自然の考え方、そして我執をとることの大切さを具体的に解説してきました。

私たちは、実際は同じ人間同士であって、あらゆる意味で大差はありません。

タオイズムを修行する日本のセンターである日本道観では、「無我執」ということと同時に、「無差別」ということを旨としています。

たとえば目の前にどんな高級料理がならんでいても、食べてしまえば、人の胃のなかはみな同じです。そこに気がつけば、自分がとなりの人よりりっぱでなくちゃいけない、という思い込みがなくなります。他人と自分をくらべませんから、気が楽になります。

そして素直に、「これはできません」「わかりません」と言えますから、周囲の人に助けてもらえます。すると、たがいの理解が深まって、心から打ち解けられるので、自然と人間関係がよくなっていくのです。

こうしてさらに、人と人との一体感という、究極の幸福に近づいていけると思います。

◆◆◆足《た》るを知るということ

「無差別」を行《ぎょう》じるといっても、もちろん最初は、自分のイヤなところが目につくでしょう。しかし、自分の体は親からもらったものであって、そこにちょうど、その人らしい魂《たましい》がポンと入ったのです。

これが天地自然の流れであって、頭が悪いからとか、鼻が低いからとか、貧乏だからといって、「自分なんか大嫌い」といって自己否定することは、大きな宇宙に向かってはむかう行動と、なんら変わりがないと思うのです。

たとえ自分はりっぱなものではなくても、また欠点があっても、自分を大事にして、自分を好きになることです。それは自然のなかの存在として当然なことなのです。

私たちはけっして、苦しむために生まれたわけではありません。同じ一日ならば、前向きな気持ちで暮らしたいものです。そのためには、我執を放《ほ》かして、気の流れをよくすることが大切なのです。人間の肉体にも気にも、限界があります。それを越えて、「もっと、もっと」と欲張るのが我執です。

『老子』第三十三章には「知足《ちそく》」、つまり「足《た》るを知る」という有名な言葉があります。

人を知る者は智《ち》、自《みずか》らを知る者は明《めい》なり
人に勝つ者は力あり、自らに勝つ者は強し
足るを知る者は富み、強めて行う者は志《こころざし》あり

「足るを知る者は富む」ということは、「（ありのままに楽しく、心豊かに生きて）満足を知る人こそ真の富者《ふしゃ》である」という意味です。この言葉をかみしめたいものです。

玄米食の体験を通して

天來大先生といっしょに玄米食の生活をしたことがあります。

大先生はなにごとも実験しないと気がすまない実践派ですから、「いいというなら、やってみよう。生《なま》ものはいっさいダメ」と、思いついたその日から、お肉、お魚、果物《くだもの》も全然食べずに、野菜と玄米《げんまい》だけの食生活にしました。私や弟子たちもいっしょでしたから、それを続けていくのはたいへんなことでした。

ところが、三年目のある日、会員さんの家で、家で採《と》れたというリンゴが出されたのです。果物は食べてはいけないので、一瞬迷いましたが、せっかくのご好意ですから、二人ともひと切れずついただきました。すると、それから一時間もたたないうちに、頭痛がしてきたのです。私が車を運転してホテルに帰る途中、大先生が「おまえ、頭は大丈夫か」

というので、「リンゴをいただいてから、どうも頭痛がする」と言ったら、「俺も痛む」と……。

それで、これは玄米食に偏《かたよ》っていたからだと気づいたのです。さっそく、その日の夕食から、玄米食をきっぱりやめました。つまり、どんないいものであっても、偏ってはダメだとわかったので、「もう玄米食はやめよう」と、即座に切り替えたのです。

◆◆◆素直に受け入れることが大切

その夜、ほかのものを食べても、なんの反応もなく、大丈夫でした。

それは、「これではいけない」と気づいた時点で、体が変わってしまったからです。

私は洗心術の際に、よく言うのですが、人間はなにごとにおいても「受け入れ」が大切なのです。たとえば「食べちゃいけない」ということを壁にしてはいけないのです。これはダメなんだ、こっちがいいといった決めつけがあること自体がよくないのです。つねに、体が欲するものを食べて、それを素直に受け入れていれば、健康でいられるということです。

このときは、大先生が言われるから、私は「ああ、そうなんだな」と受け入れたので、それ以降、なんともなかったのです。だから、「受け入れ」というのは、とても大事なのです。あれがダメ、これがダメと自分で判断をしないで、いろいろな人の意見を取り入れてみることです。それを、入れまいとして遮断《しゃだん》してしまうと、よくない反応が出てしまうのです。

誓いを立てて願う

「誓願《せいがん》」という言葉があります。「誓いを立てて願う」という意味です。

あなたは、「これからは健康で明るい人生を送るようにしよう」とか、「このような我執を放《ほ》かそう」とか、修行する目標を天地自然に願い、誓いを立てるとよいのです。

そうした決意をすることで、その瞬間から、あなたの気が誓いの方向に向かって、大きく動きはじめるのです。

『孟子《もうし》』の第三巻（公孫丑《こうそんちゅう》章句上）に「志《こころざし》は、気の帥《すい》なり」という言葉があります。志は気の指揮官であり、気は肉体に充満していますから、志がしっかりしていると、気もやる気を起こし、自然にその志に向けてめぐり出すのです。

人類は今、地球の環境破壊と世界的不況といった危機に立たされています。

こんな時代こそ、人の限りない欲望によるマネーゲームから目を上げて、どんなときも私たちをやさしく包んでくれている天地自然の恩恵のなかで生かされている真実に目覚め、まわりの人たちと楽しく協調し、譲りあいながら、人生や地球の未来をひらいてゆく「無為自然」の生き方に立ちもどることが大切だと思います。

日本道観では、天來大先生ご生誕の日の三月三日を「道の日」と定め、それぞれの人が誓願をしています。

あらゆることに柔軟に対処する

無用な力《りき》みをすることは我執です。「どうしても○○しなければならない」とか、「必ず○○すべきである」といった固い考え方を放《ほ》かして、柔軟に物事を考えていかないと、これからの激動の世の中は生きていけません。この広大な宇宙から見たら、人間とはほんの小さな小さな生き物であり、その小さな人間の心のなかで怒りや苦しみに日々追い詰められて生きていくとしたら、なんともむなしいことです。

本書で繰り返し申し上げてきたように、道家では「我執を放《ほ》かせ」と言いますが、欲望をはてしなくふくらませ、老子が説く「足るを知る」の心を失えば、この地球も、人類も、ひたすらに破滅の道をたどるのみです。

我執にとらわれた人間は、満足することはありません。

そして地球上の食物も、土地も、水も、エネルギーも、奪いあい、戦いあって、誰かが独り占めをしたら、この世界はますます住みにくくなるだけでなく、この地球は、人類はもちろんのこと、あらゆる生物の存在を許さないでしょう。

チャンスがあったら積極的につかむ

道家では、もともとすべて一つであると考えます。人と人とのあいだに感情的な対立、不平不満が生じるのは、そして世の中に争いが絶えないのは、その「一つ」を分かち、分裂させてしまう我執が原因なのです。

それぞれの人が自分の受けた教育や、教えられた考えにとらわれるため、たがいに会話もできなくなっているのです。

考えが違っていれば、話しあえばよいのです。我執がなければ、みんなが一つとなり、一丸となって仕事ができます。我執さえ放《ほ》かせば、なんのことはありません。みな一つなのです。

私たち日本人は、世界に先駆けて、今こそ目を大きく見開き、戦争のない、豊かな社会のなかに生かされている幸せに目を向けるべきです。そして、その幸せに感謝しつつ、自分を生かす精いっぱいの努力と、まわりの人への温かい思いやりと感謝の心を忘れずに、それぞれの持つ気のパワーを発揮して、楽しく人生をひらいていきましょう。

そうして志《こころざし》を固めて、腹を決めて立ち向かえば、あなたは我執を放《ほ》かして、あらゆることに柔軟に対処できる、無為自然の生き方を学ぶことができるでしょう。

このことがほんとうにわかったら、悩みは解消されて、「万事如意《ばんじにょい》」となるわけです。

無為自然に生きるというのは、けっして何もしないでボーッと生きることではありません。それは、チャンスがあったらつかむという、積極的な生き方です。

チャンスをつかまないのは、そこに我執があるからであって、やりたいものがあればやることとです。そして後悔のない生き方をしていくのです。

それこそがタオの生き方です。

タオイストとして、あるがままに、自然に、かつ充実した人生を送るひけつなのです。

あとがき

天地自然の「道」に助けられて

日本道観は、日本における唯一のタオイズムの普及団体です。

その日本道観の始祖であり、初代道長であった早島天來宗師大先生は一九九九年に登仙《とうせん》されました。

天來大先生は、

「日本道観の教えというものは、なにも自分がつくったものではない。天地自然のもの、古代からあった教えを基本にしている。ただ日本で教えた人がいなかったし、古代中国では門外不出のものだったが、自分だけが知っているという優越感で生きるのではなく、世の中で道を求めて苦しんでいる多くの人たちに伝えようと決意したのだ」

という旨《むね》のことを、その遺稿のなかに書いていらっしゃいました。

天來大先生は、病気治しの天才であり、また悩める人々には、

「人間はみな、楽しく生きていくように生まれてきたんだよ」

とやさしく語られて、指導をされてきました。

そのあとを嗣《つ》いで、二〇〇〇年に第二代日本道観道長となった私ですが、内外の数多くの人のお力添えをいただき、日本道観は年々、国際的な展開を拡大しております。また、熱心に修行を重ねられる若い人が増えています。

そうした方々とともに日々精進《しょうじん》しながら、日本と世界に、道家の行法と生き方を広めてこられましたことは、ほんとうにありがたく、夢のようです。

私にとってこの年月は、つねに天地自然の「道」に助けられ、天來大先生に守られていることを感じながら、「人間は生きているのではなく、生かされているのだ」という言葉を幸せのうちに体感させていただくことのできた日々でもありました。

人生は出会うことすべてが宝である

おそらくあなたと同じように、私もたくさんの失敗をし、天來大先生には怒られることばかりでした。

しかし今思い起こすと、それらのすべてが今の私につながり、今の自分をつくりあげてくれているのです。

そしてたいへん体の弱かった私ですが、その虚弱体質がなければ、弱さをなんとかして克服したいと願うこともなかったでしょうし、天來大先生にめぐりあうこともできなかったでしょう。

健康の喜びを、これほど大きく感じることもなかったかもしれません。

多くの失敗や弱い体がなかったなら、今こうして、タオイズムの健康を一心に説いてはいなかったことでしょう。

そう思いますと、人生は出会うことすべてが宝なのだと気づくのです。そうして成功ばかりでなく、失敗や悔しい思い、悲しみ、憂い、すべてが人生を前に進めてくれる糧《かて》になっているのだと思います。

まだまだ若いあなたは、何があっても迷わず、後ろを振り向かず、前進してほしいと思うのです。

明るく楽しい人生をひらく鍵

天來大先生は、いつも、こうおっしゃっておられました。

「人生は八十八年生きたら、八十七年が失敗の連続、八十九年生きたら八十八年が失敗の連続。それでも生きることは楽しいんだよ。迷わず楽しく前進しなさい」

誰にでも失敗はあるのです。そして弱点もあります。

しかし、それこそがじつは、明るく楽しい人生をひらく鍵なのだということを忘れないでください。

そして、ぜひタオイズムを通して、二度とない人生を明るく楽しく豊かに歩んでいただきたいと願っております。

「洗心術《せんしんじゅつ》」「導引術《どういんじゅつ》」「道家動功術《どうかどうこうじゅつ》」という三つの「気のトレーニング」を行うことによって、自然に調和した生き方が身につきます。

そうすると、心が前向きになって、ストレスから解放され、自然と人やお金、幸運が集まってきます。

長いあいだ、親や周囲の目を気にして「人が自分をどう見るか」ということにエネルギーを費《つい》やしてきた人は、自分自身がほんとうに望んでいることに鈍感になっています。自分の内なる声にもっと耳を傾けるためにも、「導引術」「道家動功術」で体を変えてください。

自分の体と対話をすれば、「気持ちいい」「楽しい」と素直に思える瞬間を味わえます。

そこにこそ、ほんとうの自分らしさを見つける糸口と、新しい未来があるのです。

体は温かく、そして志《こころざし》は熱く

本書では、タオイズムのエッセンス、そして心と体の健康法について、ていねいに解説をしてまいりました。

しかし、本ではやはり伝えられることに限界があります。あなたが日本道観の道場に実際に学びに来ていただけたら、さらに深いことがわかってきます。

そして、もし困ったことがあったら、どうぞ相談にやってきてください。お目にかかる機会があれば、精いっぱい、私あるいは早島妙聴副道長（現道長）も答えようと思いますし、日本道観のスタッフも一生懸命に修行をして、できるだけみなさんと喜びをわかちあいたいと努力をし、勉強をしています。

あなたには、ぜひとも、「ほんとうにいい人生だった」と思うような生き方をしていただきたいのです。

人間として生まれてよかった、幸せな人生だったと思って、この世の幕を閉じられる、そんな後悔のない人生を送っていただきたいのです。

そのためには、毎日、我執を放《ほ》かして、健康で楽しく、ご家族とともに、また会社や学校や近所の方々とともに、人生のかけがえのない一瞬を過ごされることです。

心と体を磨いて、気の流れをよくすると、自然に天の運気に乗れるようになります。すると、あなたが本来持っている理屈を超えた強い力に気づき、無為自然《むいしぜん》の豊かな人生に出会うことができるのです。

体は温かく、そして志《こころざし》は熱く、あなたの人生を、大きな夢をいだいて、切りひらいていっていただきたいと思います。

毎日を楽しく、そして力強く生きていきましょう。

「今」というこの尊《とうと》い時を、一期一会《いちごいちえ》の思いを持って大切に送るようにしましょう。

あなたの未来が、ますます明るく輝きますことを、心よりお祈り申し上げます。

早島妙瑞

老子・TAOの
無為自然の生き方・
気のトレーニングを学ぶ

道家〈道〉学院のご案内
TAO ACADEMY

全国のお問い合わせ、
資料請求・ご予約は

道家〈道〉学院事務局
フリーダイヤル 0120-64-6140《老子無為自然 ろうし むいしぜん》

本校 東京〈道〉学院	〒151-0053 東京都渋谷区代々木4-1-5 コスモ参宮橋ビル2・3・4F（受付2F） ☎03-3370-7701 出張教室 弘前・大曲・盛岡・仙台・長野・松本・金沢・千葉・牛久・横浜・藤沢・静岡
札幌〈道〉学院	〒060-0061 北海道札幌市中央区南1条西11丁目1番地 コンチネンタルWEST.Nビル2F ☎011-252-2064 出張教室 帯広・旭川
いわき〈道〉学院	〒971-8183 福島県いわき市泉町下川字萓手79 道家〈道〉学院総本部内 ☎0246-56-1400 出張教室 水戸・郡山
埼玉〈道〉学院	〒330-0062 埼玉県さいたま市浦和区仲町2-10-15 LAPUTA V 5F ☎048-827-3888 出張教室 前橋
関西本校 大阪〈道〉学院	〒530-0051 大阪府大阪市北区太融寺町8-8 日進ビル4F ☎06-6361-0054 出張教室 名古屋・三重・京都・奈良・神戸・米子・岡山・高知
九州本校 福岡〈道〉学院	〒812-0011 福岡県福岡市博多区博多駅前3-18-28 福岡Zビル3F ☎092-461-0038 出張教室 広島・北九州・大分・熊本・長崎
鹿児島〈道〉学院	〒892-0848 鹿児島県鹿児島市平之町9-33 牧野ビル4階 ☎099-239-9292 出張教室 出水・都城
英彦山道場	〒838-1601 福岡県朝倉郡東峰村大字小石原字上原1360番地4 ☎092-461-0038 ★東峰村は、旧英彦山神領域

中国本部 TAO ACADEMY International 北京

北京市朝阳区东四环中路41号 嘉泰国际大厦A座1900室
☎010-8571-1894 FAX：010-8571-1893

TAO ACADEMY International

Cosmo-Sangubashi-Bldg. 2F 4-1-5 Yoyogi, Shibuya-ku,Tokyo 151-0053
☎03-3370-7601 FAX：03-3370-7834 http://www.nihondokan.co.jp/english/

道家〈道〉学院が運営する
オフィシャルネットショップ

インターネット書店「早島BOOKSHOP」
http://www.nihondokan.co.jp/taoshop/book/

道家〈道〉学院
総本部
〒971-8183 福島県いわき市泉町下川字萓手79
☎0246-56-1444

道家〈道〉学院オフィシャルサイト

道家〈道〉学院
TAO ACADEMY

地図はこちらでご覧いただけます
QRコード▶
http://www.dougakuin.jp

【著者略歴】

早島妙瑞（はやしま・みょうずい）

道家〈道〉学院第二代学長。日本道観《どうかん》第二代道長。一般財団法人日本タオイズム協会初代会長。大仙山早島寺開基第二世。台南市道教会顧問。早島天來《てんらい》（筆名・早島正雄）道家〈道〉学院初代学長（日本道観初代道長）のもとで40年来修行を重ね、1999年に道家龍門派伝的第十四代を継承。「気のトレーニング」の導引術《どういんじゅつ》・洗心術《せんしんじゅつ》・動功術《どうこうじゅつ》の指導で日本全国を飛び回る。その一方、海外へも行き来し、中国道教協会、台南市道教会との交流を行うなど、広く、タオイズム普及活動に力を注いだ。また、東洋医学、仏教思想などの研究も重ね、鍼灸師《しんきゅうし》、僧侶の資格も持つ。著書に、『「気」の流れで決まる 運・不運の法則』『「気」でわかる 成功する人、ダメな人の法則』（以上、廣済堂出版刊）のほか、『幸運を呼ぶ「気」の超パワー』『体を若返らせる「気」の超健康法』『タオのひけつ』『タオで生きぬく』『からだの「冷え」がよくとれる』『「気」でスッキリやせた』など。編著に『こだわらない、でも流されない』、監修に『心と体が甦るタオイズム』『マンガで読む酒風呂健康法』『田舎のおばあちゃんの生活事典』『これでなっとく！ 食の健康術』『〝体の冷え〟を、まず取りなさい』など。2017年2月、仙境《せんきょう》に入る。

【監修者略歴】

早島妙聴（はやしま・みょうちょう）

現・日本道観道長、道家〈道〉学院学長（ともに第三代）。一般財団法人日本タオイズム協会理事長。日蓮宗《にちれんしゅう》大仙山天來寺住職。世界医学気功学会副主席。日本道観初代道長・早島天來のもとで、35年来修行を重ねる。第二代道長・早島妙瑞を支え、2017年に道家龍門派伝的第十五代を継承。全国の道家〈道〉学院で講座を開催し、お年寄りから子どもにまで、わかりやすいタオイズムを指導し、健康で幸せな人生に生かすタオイズムの真髄を伝えている。中国道教協会をはじめ、世界の道士・研究者との交流を広く重ねる。タオイズムについての研究やその使命について、国際的に発表し、講演。貴重な導引医学、道教医学の歴史、発展についての研究、中国伝統医学やTAO哲学に関係する日本の江戸時代の漢籍の収集と研究、書籍出版等の活動を続ける。著書に『親子で学べる老子』『あなたを変える30の言葉』『人生を豊かに生きる30の言葉』『前向きに生きる！ 30の言葉』『三ヵ国語版 TAOと導引――人類の未来への役割』など。また、監修に『強運を招く「気」のスーパーパワー』（早島天來著、廣済堂出版刊）、解説に『タオの名言集　幸せになる100の言葉』（早島天來著）などがある。

＊本書は、2010年9月に学研パブリッシングより発行された早島妙瑞著
『タオのひけつ　無為自然の心と身体が人生をひらく』をもとに、
早島妙聴が一部加筆・修正するなど監修し、再構成したものです。

デザイン：二宮貴子（jam succa）　**カバーイメージ**：写真AC
デザイン協力：デザインコンプレックス　**コラムイラスト**：川上結女
DTP：三協美術　**制作協力**：倉持哲夫（武蔵エディトリアル）
編集協力：福田真男　小倉優子　松本恵　**編集**：岩崎隆宏（廣済堂出版）

新・タオのひけつ
無為自然の心と体が、令和の新たな人生をひらく

2019年9月15日 第1版第1刷

著　者　早島妙瑞
監修者　早島妙聴
発行者　後藤高志
発行所　株式会社 廣済堂出版
〒101-0052 東京都千代田区神田小川町2-3-13 M&Cビル7F
電話　03-6703-0964（編集）
03-6703-0962（販売）
FAX　03-6703-0963（販売）
振替　00180-0-164137
URL　http://www.kosaido-pub.co.jp

印刷所
製本所　株式会社 廣済堂

ISBN978-4-331-52261-5　C0095
©2019 Myozui Hayashima, Myocho Hayashima　Printed in Japan

定価は、カバーに表示してあります。落丁・乱丁本はお取替えいたします。
本書掲載の写真、図版、文章の無断転載を禁じます。

廣済堂出版の好評既刊

強運を招く「気」のスーパーパワー

人間関係・仕事・お金・健康…驚異の力で人生を変える!

早島天來 著　早島妙聴 監修

あなたも「気」で成功できる!

「気」の力や道家思想《タオイズム》を広めた早島天來の教え。

誰もが生まれながらに持つ「気」の超能力の解説から、
対人関係への「気」の活用法、ビジネスへの生かし方、
金運や健康への利用法まで、人生のヒントが満載。